ぶらりあるき
チベット紀行

ウイリアムス春美 著

芙蓉書房出版

夜のポタラ宮

ポタラ宮広場の噴水

チベット和平解放記念碑

ヤクのいる風景

どこにでもある
ビニールハウス

ナムツオ湖

あちこちで見かける
太陽光発電施設

遊牧民の仮の住居

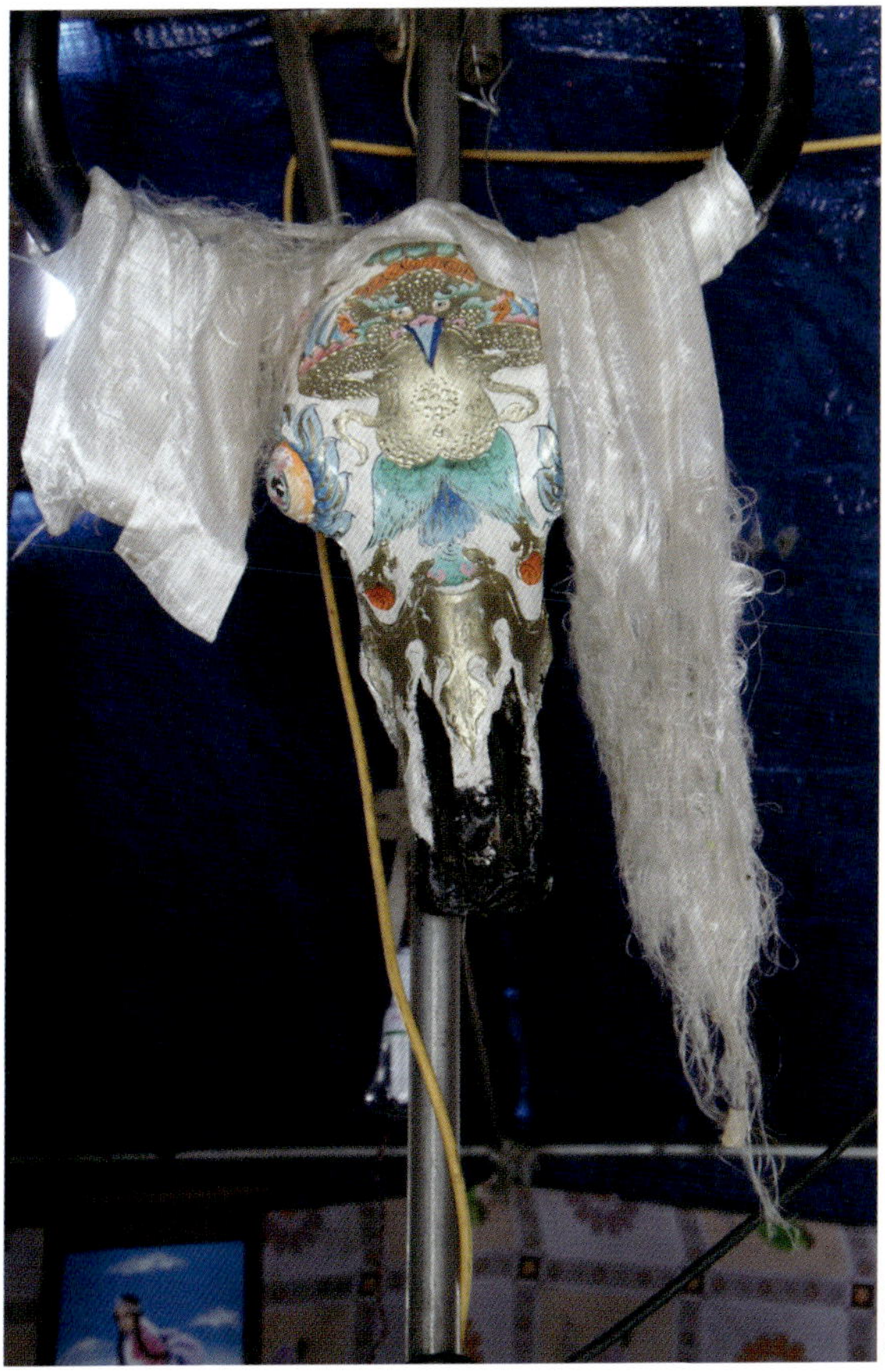

小屋の中にはヤクの
頭蓋骨で作った守り
神がある

セラゴンパで問答修行する僧侶達

携帯電話を使う女性をながめる僧侶

シェトラ峠にあるタルチョ（祈祷旗）

ノルブリンカでは
チベットオペラが
上演されていた

可愛らしいチベット人の少女

公衆トイレの前で中国人観光客
から使用料をとるチベット女性

「鎮魔図」
魔女と猿が合体して生
まれたのがチベット人と
いう伝承を表した図

バルコル広場

バルコル広場の露店

ガンデンゴンパ

ガンデンゴンパの階段に
ロバが……

ショトン祭りに人々が集まる

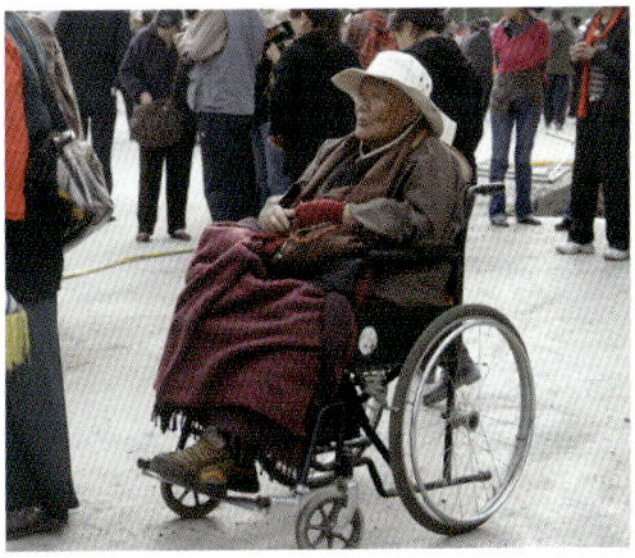

ダライラマ 14 世の
夏の離宮

タシルンポ寺の内装

ティンリーの旅館

まえがき

二〇一一年にネパールに行った時、カトマンドゥの古本屋で『チベット旅行記』という本をみつけた。著者は河口慧海、「第五巻」だった。一～四巻も探してもらったが見つからず、仕方なく第五巻だけ買ってホテルに帰った。旅行中に足を怪我しリハビリ中だったので、おとなしく本を読むことにした。

読み進むにつれて私は夢中になっていった。とにかく面白い。仏教の経典を得るために命を賭けてチベットに密入国までした日本人がいたのだ。そして、そんな秘境の国がこのネパールと隣り合わせなのだ。足の痛みも忘れ、あっという間に読み終えてしまった。

日本に戻り、残りの四巻を手に入れ、これもすぐに読んでしまった。私の頭の中は「チベットに行きたい！」という気持ちで一杯になった

チベット（西蔵）は日本からもアメリカからも遠い。それにもかかわらず何となく親しみを感じる。何故なのだろう。チベット人の顔が似ているからか、仏教を共有しているからか。それとも、胸のところで重ねる民族衣装が似ているからなのか、とにかく、チベットというと何か特別な感情が沸き上がってくるのはおさえることが出来ない。

だからチベット事情が気になる。第二次世界大戦後からチベットに関する噂はよくはなかったが、ますます気になることが多くなってきている。もっと知りたいと思うのに実情に関するニュースは手に入れにくい。

かの広大なチベット高原が核廃棄物の捨て場になっているという噂をきいた矢先に、私の住むワシントンＤＣの隣町ボルティモアでは町の汚染物を一四〇〇万ドルで中国に輸出し、中国に引き取らせ、中国はその汚染物をチベット高原に埋めているということも聞いた。一体全体、現代のチベットはどうなっているのか。

二〇一二年五月には二人の僧侶が焼身自殺をとげたというニュースも耳に入った。チベット国内では何かただならないことが起こっているのではないかと焦燥感がつのり、すこしでも自分の目で見たい、確かめたいという気持になった。

この旅行記を一冊の本にするために、ワシントンＤＣ在住の友人ディッキンソン孝子さんにはいつもながら何度も読み返して頂き、さまざまな助言をいただいた。また、前城美枝子さんにもはっきりしない所を指摘していただき感謝している。

最後に、『ぶらりあるき幸福のブータン』、『ぶらりあるき天空のネパール』に続いて今回も出版を引き受けていただいた芙蓉書房出版の平澤公裕社長、奈良部桂子さんに感謝の意を表したい。

▼いつまでもただ沈黙の夏の山

ぶらりあるき　チベット紀行●目次

第2章　チベットの現在　53

第3章　祭りの時間　101

甘粛省
新疆ウイグル自治区
青海省
ダラムサラ
アリ地区
チベット自治区
ナクチュ地区
カイラス山
青蔵鉄道
ナムツォ湖
ネパール
シガツェ地区
ラサ
チャムド地区
ティンリー
シガツェ
四川省
ニンティ地区
カトマンドゥ
エベレスト山
山南地区
トモ
ティンプー
ブータン

第1章

チベットの伝統文化を知りたい

五人組の旅が始まる

二〇一二年の春、チベットへ行こうと決めた。しかし、チベットへは一人旅は出来ない。チベットへのツアーを検索していたら、「青蔵（日本では青海）鉄道とエベレスト・ベースキャンプ」というのがあった。「これだ！」と思った。ベースキャンプからのエベレストの眺めは最高だという噂は聞いていたから、もし、かの有名な青蔵鉄道に乗って中国を横断してラサに到着し、それからエベレスト・ベースキャンプに行ってエベレストの美しい姿を拝むことができたら、そしてあわよくばチベット事情を実感できたら願ってもないことだ。早速応募した。できるなら、私は日本人なのだから、日本人のグループと行きたいと思った。そうすれば日本語のわかる通訳がつき、日本人に関係するいろいろな話が聞けるだろう。

すぐ日本の旅行会社に連絡したが、やはり、アメリカで分かったのと同じで、日本の旅行会社でもチベット行きは計画出来ないとのこと。つまり、中国への旅行は中国の旅行会社を通さないとダメということのようだ。そして、中国の旅行会社も日本人向けとかアメリカ人向けとか分かれているらしい。それで、中国の日本人向け旅行会社と交渉を始めたが、話が進んでいくうちに、私がアメリカ国籍を持っている日本人であることがわかって、日本人と一緒に行く

チベットを旅した仲間たちと
左からマーク、リサ、著者、マイケル

のは駄目だと言ってきた。おまけに、一人での参加は駄目で、グループで、それも同国人の五人以上で申し込まなければならないと言う。そうでなければチベットへの入境許可書の申込みも受け付けないというのだ。チベットへ行くには、中国のビザと、チベットへの入境許可書が必要なのだ。

それからが一仕事だった。まず中国の旅行社の中で、アメリカ担当の者を探さなければならない。それはまあすぐに探せたけれど、五人の同行者を探さなければならない。さっそく、ワシントンD．C．にいる友達に聞いてみた。皆遠いことが理由で行きたがらなかった。フロリダのおじさんを誘うと、「ああ、良いよ」と簡単に言ってくれた。あとの三人をどう見つけるか。アメリカ国籍を持っている知り合いに誰彼となく聞いてみた。全部駄目だった。誰もチベットへは行きたがらない。

自分で五人を見つけろという旅行会社をやめて、五人のグループをさがしてくれて入境許可書も取ってくれるという旅行会社を見つけることにした。交信をし始めたのはトニーという中国人。英語が堪能で、たくさんのアメリカ人を知っているような口振りだった。「心配ない」とトニーは言う。絶対に五人見つけてくれるという。彼の言葉を信じて、中国行きのビザを取り、北京までの飛行機の切符を買い、待った。

同国からの五人のグループでなければ入境許可書が出ないと決められたのはつい最近のことなのだそうだ。急に厳しくなったのには何か理由があるに違いないが、もちろん何も説明されない。噂では、五月に二人の尼僧の焼身自殺があったが、それは外部の活動家による煽動だったのではないかと中央政府が疑いを持ったためということらしい。その後は個人の旅行は禁止され、旅行者が入れる場所もかなり制限されてしまった。

北京には八月六日に着く予定になっていたのに、七月末になっても何の音沙汰もなかった。今年はチベットへは行かれないかもと、半ば諦めていた。

八月二日、やっと入境許可書が取れたという知らせがトニーから届いた。それからが実に慌《あわ》ただしかった。五人はチベットに入る時に一緒でなければいけないという。私達は前の日に西安に集合して、そこから飛行機でチベットのラサに八日に入れという指示を受けた。私の希望は、北京から青蔵鉄道で行くことだったのだが、はっきり決まったのが八月二日だったので、席が取れないとトニーが言ってきた。あきらめるしかなかった。

グループの五人は必ずしも同じホテルに泊っていたわけではなかったので、結局出発前に飛行場で会うというきわどい待ち合わせをした。トニーは、三つのグループを一つにまとめて五人にしたらしい。本当に無事会えるかしらと不安だったが、それでも最終的には五人がそろって、ラサ入りをはたすことができた。

その五人のアメリカ人は、フロリダのマイケル、ニューヨークのリサ、ユタ州のマークとマリリン夫婦と私。マイケル七十七歳、リサ四十歳、マーク七十九歳、マリリン七十四歳、私七十三歳。平均六十八歳と、かなり高齢なアメリカ人達だった。

八月八日午後一時、五人のアメリカ人は、全員の名前の入っている一枚の入境許可書を見せて、ラサの飛行場の外に出ることに成功した。「やったー」という開放感が誰にもあった。後はすぐホテルで休みたいところだったのだが、出迎えが来ていない。何となく拍子抜けしてしまった。

ラサ飛行場の外は、直射日光が強く、じっとしていられないくらいだった。雨期のはずなのに、雨の気配などみじんもなく、強い太陽が頭の真上から照りつけていた。私達は日陰を探したが、木は一本もなく、かすかに日陰ができていたのは、ポリスと看板のかかっている建物の軒下だけだった。自然にそこに人が集まり、私達もその建物の前の少しの段差を見つけて腰をかけ、迎えをじっと待った。

しばらくして、「ハロー、ここにいたの?」と女の人の声がした。

「ごめんなさい。私達、車の中で待っていたのよ。どうせ飛行機が遅れると思ってね」

なるほど、飛行機は二時間も遅れて着いていたのだ。

「いつもなんですよ。だから、時間がはっきりわからなかったんです。でも、みなさん無事にラサに着いて良かったですね。ウェルカム! 私、ガイドのチャム・ザン。チャムと呼んでください。こちら運転手のネン・ゼンです」

三十代の若い女性だった。ガイドはチベット人でお願いしますと、トニーにお願いしてあったから、多分チャムはチベット人なのだろう。チベット人か中国人かちょっと見ただけではよくわからないが、日焼けしているのはチベット人らしい。

着いた日の予定はただホテルでくつろぐことだけだったから、荷物を車に乗せて、ゆっくり飛行場を離れた。すぐに観光を始めないのは、高山病に注意しているのだ。旅行会社もそれを気にして、第一日目は休むことが大切としている。

ラサの標高は三千六百五十メートル。日本で一番高い富士山が三千七百七十メートルだから、富士山の頂上近くにある都市ということになる。低地からラサに着くと同時に、高山病で身動きできなくなったというケースも多々あるという。フロリダのマイケルは以前ペルーに行った時に高山病にかかり、大変な目にあっていたので、特に気をつけていた。高山病用の薬をラサに着く二日前からのみ始め、いつも飲み水をかかえての旅となった。リサは自分は薬はのまないと言っていた。私は半分だけのむことにした。全然のまないのも不安だし、全部のむと利き過ぎて後遺症があるかもしれなかったからだ。ユタ州からの夫婦は私達とは別なホテル、多分四つ星ホテルに泊まることになっていたので、あまり話が出来なかった。

私達三人、マイケル、リサと私は三つ星ホテル「ヤク」に泊ることになっていた。マイケルと私はチベット語も中国語もダメだったが、リサは、アメリカ人といっても、もともとは台湾人なので中国語が上手だった。その上、チベットに来る前に二週間のモンゴル旅行をしてきていたので大陸の旅のベテランなのだ。そんなリサは、私達がおとなしくホテルで休憩している間も、じっとしていられずホテルの回りをあちこち探険していたらしい。そして、私達にどこのレストランが安くておいしいとか、どこで水が格安で買えるかとか、いろいろな情報を教えてくれるので貴重な存在となった。

▽万年も語らぬ山に雲の峰

チベット高原には石器時代から人間が住んでいた ―― 西蔵博物館

ラサに着いた日は高山病を恐れて、すぐには行動を起こさず休んでいたが、二日目からは観光を始めた。ホテルのロビーに元気そうに見える五人が集まった。私達の身体がラサのような高地になれるには二ヶ月はかかるそうである。チベット人でも高山病にかかることがあるという。ガイドのチャムも、自分の故郷がもっと低地にあるので、ラサに戻ってきた時にはちょっと具合が悪くなるそうだ。慣れない私達が半日だけ休んで行動を開始するのはちょっと早すぎる。でも私達は時間が限られているので、ちょっと無理でも出かけよう。薬をのんで、水をたやさずたっぷり飲んで……。

観光をチベット博物館から始めたのは賢明だったかもしれない。何しろ、ホテルから近いのだ。一九九四年に建設に着手し一九九九年に完成したチベット博物館では「西藏和平解放六十年成就展」という特別展示をやっていた。主催者側はどうしても外国旅行者に見てもらいたいものの一つだったに違いない博物館が開館した年は、中国が中華人民共和国として独立してから五十年、チベットの民主化から四十年目という節目の年だった。そして、現在の展示はチベット解放から六十年目が二〇一〇年であるから、それ以来ずっと同じ特別展示がされていることになる。

博物館の中の一階、二階はチベット地域の歴史の流れを示す展示だった。

一階は石器時代の展示から始まる。その時代からすでにチベット高原には人間が住みついていたことがわかる。そして新石器時代には、チベット人の祖先のものと思われる品々が近年発掘されたという。

二階では中国の歴史、チベットとの関わりが説明されている。チベットはまさしく中国の一部であるということを証拠づけようという意図がみえる。ダライ・ラマが代々使っていた印鑑も麗々しく展示されていた。しかし、ダライ・ラマの歴史は十三世までで、ダライ・ラマ十四世の説明はどこにも見当たらなかった。存在していたことも認めていない姿勢がうかがわれた。

その代わりにパンチェン・ラマのことが大きく取り上げられていた。パンチェン・ラマはダライ・ラマという地位が確立されたと同時に認められた地位であることを説明し、従って同じ権力があり、ダライ・ラマがいなくてもパンチェン・ラマが代わりを立派にはたすので、チベットは何も変わらないということをいいたいようだ。

西蔵博物館

ダライ・ラマが代々使っていた印鑑

写真で見る昔と今のラサ

魔女と猿の合体から生まれたのがチベット人という民間伝承に基づいた絵。国全体が魔女を型どっていると信じられていたので、足や腕の要所に仏教寺院を建立した。魔女コントロールの思想である。

三階はほとんどが写真と数字の入ったグラフなどで、いかにチベットがこの六十年の間に変わり、発展したかを示すものであった。うれしそうな笑顔の子供達の写真もさりげなく展示されていた。中国がチベットを管轄下においた一九五〇年以前のラサの写真もあった。確かにポタラ宮以外に高いビルは何もない。今のきらびやかな光景と意図的に対比させようとしていると見えるのは私だけだろうか。

▽六十年短くもあり夏の夕

宝石の公園 —— ノルブリンカ

それから私達は、ノルブリンカを見学した。マリリンが、もう見学する元気がないと言って、ノルブリンカの門で私達の見学が終わるまで待つことになった。

「宝石の公園」というのがノルブリンカの意味である。でも今は「民衆の公園」と名が変った。以前はダライ・ラマの離宮だったが、今は入場料を払えば誰でも中へ入れるようになった。ここはポタラ宮から二キロくらいしか離れていない。三十六平方キロメートルの広さを持つこの敷地に、ダライ・ラマ七世から代々、離宮を建て夏の六ヶ月を過ごしていた。敷地内には花や果物の木がふんだんに植えられ、人工の池があり、ミニ動物園まである。一九三〇年代にイギリスの代表がここを訪れた時、バラ、ペチュニア、ハナアオイ、マリーゴールド、菊などが咲き乱れ、そのほか、ハーブや薬草がふんだんに植えられていて彼等を驚かせたと報告されている。

十四世ダライ・ラマも一九五四年から二年をかけて自分の離宮を建てた。新しいもの好きの十四世は、私達が現在使っているようなバスルームを作り、インドからの贈り物のラジオを聞き、ロシアから送られたレコードプレーヤーを楽しんでいたという。イギリスからダライ・ラマ十三世に送られた車をダライ・ラマ十四世は木にぶつけ運転不能にしてしまったが、その車のエンジンを使って映写機を作り、映画室を建てて西洋映画もよくみていたという。

第二次世界大戦の末期、イギリスの植民地政策が次第にくずれ、元植民地が次々独立をはたしていた頃、チベットも独立しようとさまざまな努力をしていた。しかし、イギリスはチベットをインドの保護国としてインドの支配下におこうとしていた。

チベットはイギリスが最終的に引き上げる時、インドが独立をはたしたように独立国として認められることを願っていた。自分達は中国人とは民族的にも宗教的にも、習慣、風習的にも全く異なるので中国の一部になるのは不可能であるとし、あくまでも独立を主張し、歴史的にも、文化的にも独立国であることを証明しようと努力した。

チベットは、ヨーロッパの国々に訴え、イギリスに訴え、ついには国連、インド、アメリカ合衆国にも訴えた。しかし、エルサルバドル国以外のどの国もチベットを独立国として認める

ダライ・ラマ十四世の離宮

ノルブリンカの公園

通訳のチャムと

この建物の2階からダライラマ十四世がチベットオペラを鑑賞した

上の写真中央の屋根の細部。彫刻に彩色された細工が全て復元されている

ことはなかった。独立国としての支持が得られなかったので、新しく成立した中華人民共和国と交渉する以外に方法がなくなった。

一方、中国は、チベットは歴史的にも中国の一部であり、中国本土と同じようにチベットの民衆は今まで封建制度の中で苦しんできたのだから、チベットを解放し、中華人民共和国の一部として民主化し、誰もが平等に国の財産をエンジョイするような社会を築き上げることを表看板にして、将来のチベット政策を練り始めていた。

中央政府はすでに人民解放軍をチベット地域に送り込み始めていたので、契約を緊急に取り交わす必要があった。

中国とチベット側から代表が集り、十七ヶ条契約が作成された。それは次の通りである。

1. チベット人は団結して侵略的な帝国主義者の攻撃的な勢いをチベットから追放する。チベット人は母国―中華人民共和国―の大家族の一員として戻る。
2. チベットの地方政府は中華人民共和国の軍隊を支援する。
3. 中国中央工作会議の通常のプログラムで決められた政策にのっとって、チベット人は中央政府の一体化したリーダーシップの元に、チベット自治区の権利を有する。
4. 中央政府はチベットに現存する政治の仕組みを変えない。中央政府は、ダライ・ラマの保持している地位、機能、権力を変えない。また、さまざまな地位にあるチベット人の地位を支持し存続させる。

5．現存するパンチェン・ラマの地位、機能、権力は継続する。
6．現存するダライ・ラマとパンチェン・ラマの地位、機能、権力については、両者が友好関係を維持する限り、ダライ・ラマ十三世、パンチェン・ラマ九世の地位、機能、権力を踏襲することである。
7．中国中央工作会議によって決められた宗教の自由に関する政策は施行されるだろう。チベット人の信仰、習慣、習性は尊敬され、ラマ寺院は保護される。中央政府は寺院の収入に関与しない。
8．チベット人による軍隊は順次人民解放軍に再編成され、中国防衛軍の一部となる。
9．チベット人の話し言葉、書き言葉、学校教育等は、チベットの現状に合わせて順次発展させる。
10．チベットの農業、酪農、工業、商業は段階を追って発展させ、人民の暮しはチベットにおける現状によって順次改善される。
11．チベットにおける種々の改革事項について、中央政府は干渉しない。チベットの地方政府が自分達の事情に合わせて改革をし、人民によって提起された要求は、チベット人の指導者との協議によって解決する。
12．元帝国主義者や国民党支持者であっても、現時点において帝国主義者や国民党との関係を継続していなければ、今までの職業、義務を保持することができる。
13．人民解放軍がチベットに駐在する際には、右記の政策に準ずると共に、それに伴う売買の際には公平で、針、糸の一本も人民から搾取することはしない。

14・中央政府は、チベットに代わって外交を行い、接渉する国との友好を保ち、各国の国境と統治権を尊重し、公平で相互に有益な通商関係を作る。

15・以上の契約を実行するためには、中央政府は、チベットに軍隊と軍事委員会、軍本部を設置する。その際、中央政府から送られる職員以外は、できる限りチベット人の職員を起用する。

チベット人が軍事、行政に関わる場合、地方政府、主流寺院からの愛国主義者も含む。中央政府と関係する代表団体との協議によって、代表を指名し、中央政府に提出し、政府が最終的に選定する。

16・チベット解放軍に関する軍事、行政にかかる経費は、軍本部、中央政府が負担する。地方政府は、食料品、日用雑貨の取引の援助をする。

17・以上の契約は当事者のサイン、捺印と同時に有効になる。

そして一九五一年五月二十三日、チベット代表五人はこの十七ヶ条契約にサインした。

十七ヶ条の契約で、一応ダライ・ラマをチベット政府の最高責任者に据置いたが、中国政府は軍隊を送ってチベットの治安を守るという二重政治を設定した。しかしその後、中国政府は条約で契約した事柄を完全に無視し、遊牧民や、地方の豪族たちの土地を取り上げ、中国一辺倒の教育を強いた。しかも、中国はチベット政府の許可なく、チベット人が聖なる湖と崇めている湖に水力発電の工事を始め、農業の研究と銘打って、今まで作られたことのない穀物を栽培することを農民に強い、そこに住んでいた農民を強制的に転移させ、中国人をどんどん移住させるという政策を遂行した。ダライ・ラマ十四世はその間ノルブリンカにいたが、中国政府はダライ・ラマを完全に無視した。

その頃からチベットの民衆は、中国が解放、発展の名の下に自分たちに都合のよい政策を強行していることに気付いていた。そして、特定のリーダーはいなかったが、民衆が立ち上がり始めたのである。抵抗運動は村から村へと口伝えされ、自分達のダライ・ラマ十四世を守ろうと、ラサに向かって移動を始めた。大きな暴動になりかけたので、それを避けるためにダライ・ラマ十四世はインドに亡命を強いられた。

案の定、その年の三月、ラサに集まった民衆と中国兵はぶつかり、大暴動になった。混乱の中で大勢のチベット人が犠牲になった。中国兵はノルブリンカの中の建物の中に乗り込み、特にダライ・ラマ十四世が住んでいた建物を徹底的に破壊した。

チベット民衆を抑えた後、中国人の移住が続行、ついに一九六五年にはチベットは中国の自治区となった。チベットのそれまでの習慣、信仰は完全に禁止され、そうした政策に抵抗する大勢のチベット人は逮捕され、強制労働を強いられ、監獄に放り込まれ、拷問の中で命を奪われていったのである。

ノルブリンカを訪ねた時、ガイドのチャムは、こう言った。

「自分達で見学できるでしょう？　わかるでしょう？　説明する必要なんてありませんね。一時間半後にここで会いましょう」

私達と一緒に行動することを避けるようであった。どうやら、チベット人はダライ・ラマ十四世の名を言ってはいけないらしい。ダライ・ラマ十四世の名を出さないで、このノルブリンカの説明をするのは難しいだろう。

二〇〇一年にノルブリンカはポタラ宮に続いて世界遺産に登録された。そこでは「最後のチベットの伝統的な建築の保存」が謳われている。ということは、少なくともここの建物はチベットの伝統建造物として守らなければならなくなったことになる。二〇〇八年にはオリンピックがあったので、中国政府はノルブリンカの徹底的な再建を図った。しかし、広いノルブリンカの敷地、建物のどこへも自由に行けるわけではなく、観光できる所は限られている。

まずほとんどの建物の中へは入れない。中に入るのを許されているのは、皮肉なことにダライ・ラマ十四世が住んでいた建物だけなのだ。チャムは、「ノルブリンカは代々のダライ・ラマ達の離宮だったけれど、今はラサの住民の公園になっているのですよ」と私達に説明した。それが精一杯だったのだ。

中に入れる建物の二階に、ダライ・ラマ十四世が使っていた会議室があった。壁の一面には神話からダライ・ラマ十四世にいたるまでのチベットの歴史が絵で描かれている。別のレセプションホールの絵には、十四世が真中に描かれており、右側に十四世の母親、左側に側近や親戚が、下の方に秘書、上の方に四人の教師、右の下の方にチベットのさまざまな民族、下の方の左側に外国からの代表者が描かれている。しかし、ガイドは説明しないし、部屋は暗い。ロープが張ってあり近づくことは出来ないからほとんどの人は気が付かないで通り過ぎてしまう。私達のツアーの最後の日には、ショトン（雪頓）祭りがあり、その一部としてチベットオペラがある。オペラはノルブリンカの庭の一部をステージとして演じられるのである。そのステージをダライ・ラマ達が真下に見下ろせるような観覧席の建物も一時は破壊されたが、きれいに建て直されていた。

ユタからの七十九歳のマークは長い足でさっさと元気に歩き、一時間半で廻れる所はすべて廻って奥さんのマリリンの待つ門に戻ってきた。マリリンは機嫌よく私達を待っていてくれた。それから、ガイドのチャムの案内で「おいしい」と評判のレストラン「ステーキハウス」に行った。チャムはまたしてもどこかに消えてしまった。

私達はランチを注文した。昼間からステーキを食べる者はなく、スープなどですませたが、マリリンはまた気分が悪くなり、ランチの後はとうとうホテルに帰ると言い出した。

▽ノルブリンカすみずみまでも衣替え

▽伝統の踊り主なき城前で

ダライ・ラマの宮殿 ―― ポタラ宮

ラサで一番の観光地は、何といってもポタラ宮だろう。観光客がポタラ宮を見ないで帰ることはまずない。それなのに、マリリンは、可哀想にその日の午後に予定していたポタラ宮見学をやめてホテルに帰ることになった。マークは私達よりも元気だったが、妻と行動を共にすると言ってホテルに戻ってしまった。一番の目玉だったろうに、とても気の毒だった。

ポタラ宮は遠くからでもよく見える、実に威厳のある建物である。もともとは砦で、建物の一部は山肌をくりぬいて作られ、後方は山で守られ、前方は遠くまで見通せる位置に建てられているのである。今でも、遠くから眺めると、何となく神々《こうごう》しく納得いくのである。

神々しい建物を見るとその中はどうなっているのか知りたくなるのが人情で、ポタラ宮の中を見たいという観光客は年々増え、今は一日六千人と制限しなければならないほどだそうである。しかし、一人のガイドが連れていける人数は二十五人と決っている。私達のガイドは二十五人どころか五人が三人になってしまったので、当然中に入れるが、長い列に割り込むこともできず、待たされることになった。

長い行列を見回しても、外国人観光客は少ない。ほとんどが中国人。多分入境許可書を取るのが面倒だったり、取れなかったりで、外国人は少なくなったのだろう。私達以外にアメリカ人らしい若者達のグループがいた。しかし、ポタラ宮の入口にたどり着くまでに五人のうちの二人が高山病らしい症状にかかって、登れなくなってしまったようだった。高山病は年齢には関係ないのだ。

ポタラ宮までの道はゴツゴツした石畳の階段が多いので、年寄りや、足の悪い人、高山病にかかった人にとっては楽ではない。私達三人は若い中国人の観光客に押されながら、かろうじて全部の見学を終わらせた。リサとチャムは何も問題ないようであったが、マイケルと私はハーハーいうほど大変だった。

ポタラ宮の見学といっても全部をまわるわけではない。文化大革命の時に内部が相当にやられたらしいが、破壊の最中に周恩来が全部を壊すのは止めろと命令を出してので、かろうじて外側は壊されないですんだらしい。そして、一九九四年に世界遺産として登録されてから、中国政府はポタラ宮をチベットの観光スポットにしようと、五年もかけて徹底的な修復をした。だから現在は、壊された箇所はほとんど見えない。中庭は、きれいに草花なども植えられていて、穏やかな趣であった。

ダライ・ラマ全盛の時代には、ポタラ宮は、ダライ・ラマと側近達の生活の場であり、政治をする所であったが、同時に勉学の場、瞑想の場でもあった。歴代のダライ・ラマ達の霊塔もあり、戦う僧侶と呼ばれる人達も在居していた。彼らは警察のような役目をはたしていて、城

ポタラ宮

ポタラ宮へ登る道

ラサの古い街並み

ラサの
新しい街並み

夜のポタラ宮

チベット人街

の中には刑務所さえあった。ポタラ宮は小さいがそれなりに一つの世界であった。部屋数だけでも千以上あり、様々な銅像が二十万個もあったそうである。もちろん現在観光客に公開しているのはごく一部だけなのであるが、それでも私達にとっては登ったり、下りたりが大変だった。何しろ階段も床も石や岩だらけなのだから。

中国政府はダライ・ラマ十四世を黙殺し、名前をどこにも出してはいけない、口に出してもいけないとお触れを出し、写真や銅像なども一切ポタラ宮から取り除いてしまった。世界遺産の趣意書には、「ポタラ宮は、七世紀からのダライ・ラマの冬の住処であり、チベット仏教と行政の象徴である」とうたわれている。それなのに、毎日六千人もの中国人の観光客に、ダライ・ラマ十四世の名を出さずにどんな説明をしているのだろうか。そして中国人はポタラ宮を見て何を考えるのであろうか。

ポタラ宮は中国政府の思惑通りになったが、毎日六千人の観光客を統制するのに苦労している。だから観光客には非常にきびしくなる。休んだり、足を止めたりしてはいけないのだ。

「進んで！」

「そこで止まらないで！」

と常にガイドの声がしている。中にはダライ・ラマの銅像や、写真や絵などはなくても、仏陀や、仏教をチベットにもたらした聖者や、広めるのに尽力をつくした偉人などの銅像はたくさんある。そんな銅像にお祈りしようとするチベット人の巡礼者も中国人の観光客に混じっているのだ。巡礼者はわざわざ遠くの方から来ると聞く。個人の巡礼者には、観光客に対してのように、止まってはいけないとか入場料を払えとかいう規定はないらしいが、真剣な巡礼者は、観光客にもまれながら、自分の敬愛する銅像に頭を地面につけて礼拝をする。そして中国人の観光客はそんな巡礼者につまづきそうになりながら、押されていく。何とも切ない光景である。

中国政府はポタラ宮を中心にしたラサの開発を目指したようだが、中国人のための娯楽地区としても方針にかなった開発のようである。私達は夜、ポタラ宮の真ん前にある大きな広場へ行った。そこでは夏場は毎晩のように若者達が舞台を作ってロックの音楽を演奏している。この広場は二〇〇五年のチベット自治区成立四十年に合わせて整備したらしいが、記念塔の前の噴水には目を引かれる。夏の夜、気持のよい風が吹いているせいか、家族連れや、腕を組んでいる恋人同士、観光客でにぎわっている。しかし、この一見平和な広場のあちこちに軍隊が陣取っているのはいかにも不自然である。民族衣装をつけた一人のチベット人が幼児をだっこして、あたかも「すばらしいでしょう？」と言っているかのように、噴水の色の変るのを見せていたのも皮肉な光景だった。

この広場から戻ってくる時、地下道を抜けると、そこには大都会が広がっている。大きなガラス張りの建物、高級アパート、電気が煌々《こうこう》とついた高級品店、何でもそろっているスーパーマーケット……。北京か上海の一角かと錯覚しそうである。明らかに中国政府の思惑通りの歓楽街になっている。

ラサに夜が訪れる時刻に大流行《はや》りになる店があるという。それは「床屋」や「美容サロン」。昼間の仕事が終わった後に、床屋やサロンに行って身を整え、夜の仕事や遊びに向かうのだそうである。夜の観光業はほとんど制約がないので大いに繁盛している。中国本土からの客のほとんどは、夜の観光を楽しむためにラサに足を運ぶのだという。そこに目をつけた中央政府はポタラ宮の広場を中心に、ウェンチェン・テーマパークと名付けて、ディズニーランドのような楽園を作ろうと計画しているそうである。中国本土では建前上不都合なことを、規制のよりゆるやかなラサで実現しようとしているのではないだろうか。

私達が泊っているホテルの近辺はチベット人街らしく、建物も古く、チベット衣装をつけた中年の女性が多く見られるが、レストランはほとんど中国人が経営している。そして見張りの軍人のなんと多いことか！　何か起こるのかと思うほどだ。そんな中で作るテーマパークっていったい誰のためのものなのであろうか。

▽城の窓覆いゆるがし初嵐
▽花々の乱れ咲く城主はなし
▽夏空に主なき城の聳えたつ

チベットの伝統文化が知りたい ―― バルコル(八角街)、ジョカン(大昭寺)

翌日はバルコル(八角街)、ジョカン(大昭寺)、セラ・ゴンパの観光が予定されていた。朝、マリリンの姿が見えず、五人にならないので観光は取り止めかと心配したが、五人というのは入境の時だけで、その後はあまり問題にならないようだ。マリリンはあまり気分がよくないようだった。その日の観光は四人とガイド一人で出発した。

バルコルとジョカンは、ポタラ宮についで二〇〇〇年に世界遺産に登録された。その後、なるべく改築、整備して復元、公開されるようになり、現在は大勢の観光客でにぎわっている。世界遺産に登録されただけあって、チベットの伝統文化のよく残されている所として知られ、「チベットの伝統文化が体験したかったら、バルコルとジョカンに行きなさい」と言われる。

バルコルとはジョカンの周囲を廻る道のこと。廻る方向は決まっていて、時計回りでないといけない。仏教が紹介される前のチベットにはボン教があった。仏教はいろいろな面でボン教の影響を受けながら広まっていったが、ボン教と区別するためにお寺のお参り方向を逆にした。ボン教は反時計回りなので、仏教は時計回りにしたのである。そんな簡単な理由で変えた廻り方なのに、皆実によく守っている。この寺回りをコルラという。

ジョカンも観光客が見逃さない所なので、長い行列ができる。その行列の長さが短くなるのを待つために観光客は一回りするのだが、私達もジョカンに入る前にこのバルコルをコルラすることにした。大体一時間の予定である。バルコルには店が軒並みに並んでいる。もともと八角街と名付けられたのも、まるで街のようなにぎわいだからだ。「チベットの土産はここで買いなさい」と言われたが、確かにチベットに関するすべてのものが並んでいるようである。ただポタラ宮以上に兵士やポリスの姿が見えるのがちょっと興醒めであるが。

「兵士やポリスに絶対にカメラを向けてはいけませんよ」

まずチャムから忠告があった。極力カメラは向けないように気をつけていたが、三脚をもったカメラマンがポリスに調べられている光景も時々見た。

マークとリサは曼荼羅《まんだら》の絵が買いたいという。チャムに教えられた店で、マークは小さいのを、リサはかなり大きな曼荼羅を買った。その他にマークは「ヤクヤクヤク」とデザインされている特大のＴシャツをあちこちさがして買っていた。ヤクというのはチベットの長毛の牛のことであるが、英語では同じ発音がスラングで、嫌らしいとか、汚いとか悪い意味に使われているので、それを面白がっていた。

トニーから私達に渡された予定表には曼荼羅の絵を描く工房を見学できると書いてあったが、いつのまにかそれは省かれてしまっていた。時間もあまりないので仕方がない。

一時間の予定だったコルラは一時間半になり、ジョカンに入る時間がきた。

バルコル広場

バルコルのお店

寺回りする人々

五体投地する人

休憩する巡礼者

ジョカンでくつろぐ僧侶

ジョカンの中庭

ジョカンというのはお寺のことなのだが、このお寺は建立も古く、チベットが最初に統一された頃にまでさかのぼる。

七世紀にチベットを統一したソンツェン・ガムポ王は増々勢力を伸ばしていた。隣接する唐やネパールは、自分達の国を襲われるのではないかと恐れた。王にはすでに三人のチベット人の妻がいたが、唐やネパールはさらに女性を献上して友好をはかろうとした。

唐からは、皇族のウェンチェン（文成公主）を嫁がせた。その時ウェンチェンは釈迦牟尼像を携えて輿《こし》入れした。ウエンチェンは見知らぬ土地の見知らぬ人に嫁ぐということに不安を感じ、その像に自分の身を守ってもらうためであった。それがソンツェン・ガムポ王に初めて仏教を紹介するきっかけになった。王は文成公主がラサに到着すると、ただちに彼女が唐から持参した釈迦牟尼像を祀るための寺院の建設にとりかかり、それをラモチェ（小昭寺）とした。チベットで最初の寺であった。

ネパールから嫁いできたティツン王女はミキョーバ（十一面観音）を持参してきた。その仏像を祀るためにも寺院が建設され、それがジョカン（大昭寺）となった。王女はネパールから、当時彫刻芸術で名の知れたネワール人の彫刻家を連れてきて、すばらしい彫刻をほどこした寺院をつくったのだ。

王が亡くなってから、七世紀を経て、どういうわけかネパールからの十一面観音が、ラモチェに移され、唐からの釈迦牟尼と取り替えられ、ジョカンに移されるという事件があった。今は二つの銅像がジョカンに納められている。

ジョカンでは観光客に混って、チベット人の巡礼者の数が多く、ポタラ宮の比ではない。チベット人はその釈迦牟尼像と十一面観音をお参りしたいのだ。寺院の正面は「五体投地」を繰り返している信者でごったがえしている。五体投地はどこでやってもいいというものではなく、許可されている場所だけでするようだ。

五体投地をしている信者の中には足を縛っている人がいる。なるべく足はきちんと揃っている方がいいからなのだろう。その信者の数の多さ、そして彼らの真剣さには心底胸がうたれる。

ジョカンの中は、チベット最古の釈迦牟尼の銅像や十一面観音ばかりでなく釈迦十二歳の等身大の銅像をはじめ、チベット仏教を広めた偉人、聖人がずらりと並んでいる。

「ジョカンは破壊されなかったんですか？」

それは私のごく単純な質問だった。

「シッ。私服の警察がどこにでもいるんだから、注意してね」

ガイドのチャムがそっと私の耳元でささやいた。

バルコルもジョカンもラモチェも破壊をのがれるはずはなかったのだ。釈迦牟尼や十一面観音像などは、どこかに隠したのだそうだが、建物や、内装などは、かなり壊されたらしい。けれども部屋のしきりや配置等はそのままになっていたので、今では数少ないチベット建築の代表になっている。

とはいえ、中国がラサに侵入してから、ジョカンは兵士達の宿舎として使われたり、建物の一部はゴミ捨て場として使用されたりしたので、かなり痛みもひどかった。世界遺産に登録されてからは、なるべくチベット伝統建築らしい元の姿に復元しようとしたそうであるが、中国側の担当者も「以前と全く同じにはできない」と言っているようだ。

▽足縛り祈り重ねり祭りの日
▽炎天下携帯はなさぬ現代人

日本人が仏教を学んだ仏教大学 ―― セラ・ゴンパ（色拉寺）

ゴンパというのはチベット語で「寺院」という意味である。したがって、セラ・ゴンパとは、セラ・ウツエ山という山の麓にある寺院ということである。寺院とはいっても、そこには何千人もの僧侶が寝泊まりして、何年も学ぶ所でもある。そればかりでなく、ゴンパは大きな土地、財産を持ち、その管理、そこに住む民衆の面倒をみるということまでやるので、寺院を中心とした一つの村や町のような共同体になっているのである。とはいえその寺院に絶対的な権力があるわけではなく、ポタラ宮からの指示を受けながらの統治なのである。

私達の午後はセラ・ゴンパも訪問する予定になっていた。そんなに遠くはないが、ラサから六キロの所にあるので、ミニバスに乗り込んで行った。

ミニバスが走り出すとすぐ、ガイドのチャムが言った。

「どうぞ、チベットの政治的な質問はしないで下さいね」

「えっ、こんな車の中ででも？」

「そうよ。だってもしかしたら隠しマイクがあるかもしれないじゃない？　その質問によっては、チャムが仕事を奪われるかもしれないのよ」

チャムに代ってリサが答えた。

リサは、ニューヨークに住むアメリカ人であるが、人種的には台湾の中国人なので、何か私達の知らないことを経験しているのかもしれない。それに、彼女の伯父さんと伯母さんは、台湾から中国に移住し、現在は西安の郊外で日本人相手のオーガニックの野菜畑を営んで成功しており、そのことにリサは遠慮があるのかもしれない。そのせいか、リサは日記を付けると言ってノートを取り出しては、こと細かに英語で記録をとってはいるが、チャムに質問することはない。つまり、チャムの一言は明らかに私に対する牽制なのだ。

私はこのチベット旅行計画の際、トニーに「ガイドはチベット人で」とリクエストした。そしてチャムが私達のガイドとして選ばれたわけであるが、考えてみれば、チャムは中国政府の監視の中で外国人と接するのであるから、気遣いは大変であろう。私がチベット人ガイドを希望したのは、本にも書いてない、新聞にも発表されてない、チベット人にしかわからないチベットの内情が聞けるのではないかという魂胆があったからである。しかし、それがとんでもない見当違いであることがだんだんわかってきた。

チベットに仏教が紹介され、布教も盛んになってきた頃、仏教界ではゲルク、カギュ、サキャ、ニンマという四派ができていた。そのうちのゲルク派が一四一九年にセラ・ゴンパを建立し、ゲルク派の僧侶達がこのお寺に住み込み学んでいた。セラ・ゴンパには、通常の僧侶の他に「戦う僧侶」というのがいたのだそうだ。僧侶人口の約三十パーセントは戦う僧侶で、戦うための訓練を常にしていたそうである。この人達は兵士というよりは警官の役目を果たしていたらしい。ダライ・ラマの身辺を守るのが主な任務であったが、チベットに接する国とのいざこざも絶え間なくあったので、チベットという一応一国としてなりたっていた国にはそういう役目の人達が必要だったらしい。

「ここは文化大革命でやられなかったんですか」

私はどうしてもそういう質問をしてしまう。

「もちろんやられましたよ。しばらく閉鎖になっていたんですが、観光業を奨励するために開けられたんです」

文化大革命前には二〇〇〇を数えた僧院は、十年後に再び開けるのを許された僧院はたった四十だけだった。

「一時閉鎖されたんでしたら、今いる僧侶達はどこからきたんですか。前にいた僧侶は戻って来られたんですか？」

「いえ、いえ、前にいた僧侶達は皆いなくなりましたよ」

セラ・ゴンパでの問答修行

「いなくなったって、どこへ？」

「さあ……。だいぶ殺されました。それから強制労働キャンプに送られて労働を強いられたでしょう。残りは監獄で死んだと思いますよ」

「じゃ、今いる僧侶はどこから？」

「さあ……。僧侶になりたい人は誰でも引っ張ってきて入れたんじゃないの？　多分仕事のなくなった遊牧民かも。僧侶になれば中国政府から給料をもらえるんですから、生活には困りません。お金のない人や、仕事のない人が僧侶になります」

「今でも戦う僧侶っていますか？」

ウフフとチャムは笑った。

「いるはずないでしょう、そんなもの。それは昔の話です」

考えてみれば、中国がチベットに侵入してきたのも、文化大革命が起きたのも、チャムが生まれる三十年も前の昔話なのだ。彼女はもちろん経験していないし、知っている人も回りにはあまりいないだろう。


有名なチベット探検家の河口慧海は、このセラ・ゴンパでチベット仏教を勉強した。時は一九〇一年。彼の出した『チベット旅行記』は興味深い。以下は抜粋である。

「……セラ大学（ゴンパのこと）を大別すると三つになって居るので、一つはジェターサン、一つはマエターサン、もう一つはンガクバターサンの三つの学校からなりたっていて、ジェターサンには僧侶が三千八百人、マエターサンには二千五百人、ンガクバターサンには五百人居るす……。

　僧侶の種類として……大きく分ちて二通りある。その一つは修学僧侶で、一つは壮士坊主（戦う僧侶のこと）、修学僧侶はその名のごとく学問をするために来て居りますので、これは幾分の学資がいるのです。沢山でもありませんけれど、どう節約しても月に三円位、当たり前にやれば八円もかかります。ところでこの就学僧侶はその学資を使ってセラ大学の科目となって居る仏教上の問答を学びますので、二十年の後にはこの大学を卒業するようになって居る。それも普通の事は自分の寺で学んで来て居りますから、大抵大学の卒業は三十歳か三十五歳の人が多い。特に利発の人であると二十八歳位でその修学を終わって博士号をもらう人も稀にはあるです。……

　ところで壮士坊主というのはもちろん学問を修業するだけの学資金がない。けれどもやはり僧となって其寺へ入って居りますので、何をするかというと野原に集めてあるところのヤクの糞を背負って来るとか、あるいは南方のサムヤエ、あるいはコンボから運んで来たところの薪を、ラサ川端からセラまで運んで来るというような仕事をします。それから就学僧侶の下僕にもなるです。それらはまあ良い方の仕事で、なお大きな笛や笙篳篥《しょうひちりき》を吹いたり太鼓を打ったり、あるいは供養物を拵えたりするのも、やはり壮士坊主の一分の仕事になって居るのです。

……それらが日々の壮士坊主の課業で、寺にきまった用事がなければ必ずそれらの者が三三五五、隊を成して、思い思いの場所に到ってその課目怠らず修練して居る。そういう坊主は一体何の役に立つだろうかという疑いが起りましょうが、此僧がチベットでなかなか要用なんです。時にラマが北原とかあるいは人の居ない地方へ旅行する時分には、壮士坊主が護衛の兵士となって行きますので、なかなか強いそうです。自分に妻子がないから死ぬことは平気なもので、何とも思わずに猪武者で戦いをやるものですから、チベットでは坊主の暴れ者は仕方がないという評判さえ立って居るです。そうしてまた壮士坊主は喧嘩をよくする。けれども出遇いがしらに喧嘩をやるという事は稀なんで、何か一つ事件がおこらなければむやみにはやらんです。……

その壮士坊主にもちゃんと親方もあり、またその中間その規則もちゃんと立って居って、その規則を司って居る奴がある。それは寺内では公然の秘密で、つまり寺内の僧の長官も何か事の起こった時分には、その壮士坊主の長に命じていろいろ働きをさせるものですから、まず壮士の長や壮士坊主等が僧侶にあるまじき行いをして居るのを公然の秘密として許されて居るのです。……で壮士は非常に義の堅いもので、貴族僧侶のごとき表面は優しい事を言うて居っても陰険な心をもって人をおとしいれ、自分の利益、自分の快楽のみを謀って居る者に比すると、やることは随分乱暴ですけれど、その心に毒のない事はむしろ愛すべきである。その他にもなかなか愛すべき点が沢山あるように私はしばしば感じました。……

今はセラ・ゴンパの僧侶は三百人位に減ってしまっているが、なるべく昔の形に復活させようと、ここで行われていた問答修業というのを毎日午後三時から二時間くらい中庭でやるというのでそれを見学するのが私達の目的だった。建物の中の一部も見せてくれるらしいが、私達は時間がないのでどこにも入らなかった。

この問答修業というのはきびしい試験を通過するための勉学の一つで、一人が問題を提起し、それに対して他の僧侶達が答え、その答え方がまずいと質問は何度も繰り返されるというものである。

河口慧海は問答修業のことについても面白く書いている。

「その問答の遣り方の面白さ及び力の入れ方、声の発動、調子、様子というものがどうも実に面白い。……答者（こたえて）は図面（河口慧海の図面がある）にあるごとくに座っている。すると問者の方は立ち上がって数珠を左の手に持ちしずしずと歩んで答者の前に立ちます。そうして手を上下向かい合わせに拡げ大きな声でチー、チー、タワ、チョエ、チャンと言ってぽんと一つ手を拍ちます。その始めのチー、チー、というのは文殊菩薩の心という真言なんです。すなわち文殊の本体である知恵の開かんことを祈るという意味で、始めにかような言葉を発して、それからチー、タワ、チョエ、チャンというのは、このごときの法においてという意味で、すなわち宇宙間如実の真法において論ずというので、それから問答を始めるのです。……その問答は因明の論理学の遣り方であって……その問い方と答え方の活発なる事は真にいわゆる懦夫を起しむるの概があるです。……

以上のように説明されているが、私達の問答修業の見学は以下のようである。問答が行われる中庭というのはそんなに広いものではなく、一〇〇×五〇メートルぐらいだろうか。中はごろごろした石敷きで、そのまま座ったら痛くて座れないだろう。けれどもその中には木が植えられているので、適度な日陰があるのがせめてもの慰めであった。その日陰は観光客にとっても、そこで討論する僧侶達にとっても非常にありがたいものであったに相違ない。

問答の時間の始まる前、私達観光客は中庭を囲むようにして座って待つのであるが、そんな中にもポリスはいた。しかし、ポリスは観光客がなるべく僧侶の近くに寄って写真が撮れるような所に陣取ろうとするのを統制しているのである。ポリスは多分僧侶が何を言っているのかわからないだろう。

時間がきて百人ぐらいの僧侶がぞろぞろと出てきて、論争が出来るようにグループを組むのだが、一人一人座布団を持って出て来たので安心した。石畳の上に坐ることなく、薄っぺらでも座布団の上に坐るようだ。

論争の様子は、時々パンパンと手拍きの音が大きく聞こえてくる。いかに激しく、真剣な討論をしているかを示すのが目的らしいが、私には、何か演じさせられているのではないかと思える。観客は観光客である。

　パンパンという手拍きの音は、的を射た質問をしたり、答えをしたりした時に、「しかり！」といったような意味で手拍きをするそうである。けれども、前に就学していた僧侶はそこにはもういない。

　現在そこで学んでいる僧侶は、中国政府が連れてきたインスタント僧侶で、中国政府に正義を誓わされるらしい。そして今では僧侶も国からの給料で生活を営んでいるという。河口慧海が学んでいた頃には、僧侶は自分で授業料を払わなければならなかった。今の僧侶は月給をもらう代わりに、学ぶ内容も、すべて中央政府から許可をもらわなければならない。だから、討論も、質問の内容等も、中央政府の許可なしに何でも討論出来るということではないらしい。伝統的には、この討論の内容は、単に仏教の教義だけでなく、哲学や宇宙論など、あらゆる分野においての討論であったという。現在は何のための討論であろうか。ただ観光客に見せるショー的な討論なのではなかろうかと疑いを持ってしまう。

　言語の適性の問題もある。このように、ゴンパで学ぶ仏教哲学はすべてチベット語で書かれているのであるから、チベット語で勉強し、チベット語で討論したにしても、結局はこの狭い修道院の中だけで通用する言葉になりつつあるのだ。修道院の外では、すべて中国語でなければならないのだから。

▽山寺に響くお経や夏祭り
▽黙祷の議の始まりぬ終戦日

第2章　チベットの現在

教育は中国語

　私自身は教育者なので、教育のことが気にかかる。教育に関しては、チャムはいろいろ話してくれた。中国政府になってから、教育は義務教育になり、小学校は無料である。言語は原則的に中国語であるが、年少者の場合には中国語だけでは無理なので、徐々に中国語になるような教育方針をとっている。中学に上がると、全学科中国語でなければならない。

「それで中国語ができればタダなの？」

「いいえ、とんでもない。とても高い学費を払わなければならないんですよ」

「じゃ、中国語ができるようになっても中学へ行けない子もたくさん出てくるのね」

「ええ、でもね、都市に住んでいる子供は学費を払わなくてはならないけど、農家の子や遊牧民の子はタダなんですよ」

「全額？　中学校も？　高校も？」

「ええ、中国政府になってから、農家と遊牧民の暮らしはずっと良くなりました。補助金はたくさん出るし、学費はタダだし、子供の制限もないし」

「大学もタダ？」

「そう。だけど、大学まで行ける子があまりいないのが現実ですけどね。中国語でやらなければならないので、遊牧民でそこまで行ける子がいないんですよ」

どうやらチベットにはチベット語で通ずる分野はどこにもないらしい。中国語ができなければ店やレストランでも雇ってくれないだろう。チベット語が使えるのはゴンパの中だけになってしまった。

「農民や遊牧民、特に遊牧民はとても優遇されているんですよ。働かなくても月々の生活費はもらえるんです」

「それはどういうこと？」

「つまり、政府としては遊牧民には遊牧民であることを辞めてもらいたいんです。辞めて、一ヶ所に落ち着かせたいんです。そして子供達には学校に通い中国語を学ばせたいんです。そのためにお金をたくさん支払っているんです。遊牧民であれば、お金持になれる」

「でも子供達は学校に行っても中国語を学んでいないんでしょう？　今の時代はいいけど、中国語を話せないで子供達が大きくなった時、一体どういう風にして生活をなりたたせるの？」

そんな私の質問にチャムは怒ったようだった。

「知りませんよ、そんなこと。とにかく今はいい」

チャムは三十代の前半で結婚したばかり。まだ一歳にもならない子供がいる。チャムもご主人も大学を出たが、ご主人は政府関係の仕事を選び、チャムは卒業当時は上向きだった観光業を選んだ。子供は一人しか持てないが、何しろ生活費、教育費が高くて、とても二人の子供は育てられないので、一人で結構ということだった。

チャムが大学で観光科に入学した時、外国語の選択があり、日本語か英語の選択をしなければならなかった。その時チャムは英語を選んだのだそうだ。私達の行く先々で時々日本語科に行った友達に会い、私に紹介したりしていたが、チャムは職業の選択に失敗したと感じている。観光業は卒業したばかりの五、六年間は良かったが、その後、何度も旅行者に対する制限を政府が課してきた。チベットでデモや暴動がある度に、外国人にしかけられたという中国政府の解釈により、外国人の侵入を制限しようというもくろみとなる。

旅行者の数が減ればそれだけ彼女達の仕事の量も減り、従って収入も減るということになる。今年になってからが最悪だったようだ。中国政府は何度も規制を変え、旅行者が来づらいようにしている。

日本語科に入った学生は少しはましなのかも知れないが、やはり同じような規制はある。しかし、中国語の観光案内は大流行りなのだから皮肉なものである。中国政府は近々ポタラ宮近辺に中国とチベットの関係を近づけるきっかけとなったウェンチェン（文成公主）を主題としたテーマパークを作る予定だというから、ますます中国人の観光客は増えるだろう。

▽年輪を幾重にも見せ夏の山
▽天の川裸の山に近づけり

ダライ・ラマはいなくてもいい　――　パンチェン・ラマ

三日目はラサから西の方に二百三十キロ離れている、チベットではラサに次いで大きな町シガツェに行く予定になっていた。

ホテルのロビーに五人が揃った。

「パスポート持ちましたか？」

チャムが一人一人確かめた。パスポートはどこへ行くにもかかせない。隣町の入り口にさえ検問所があって、ポスポートを提示しなければならない。特に外国人にはきびしいらしい。

マリリンも元気をとりなおして、これからのミニバス旅行に備えてきたようだった。パスポートを見せて、「大丈夫よ」というしぐさをした。

「シガツェへの旅は遠いです。多分着くのは夕方になると思いますけど、途中の景色はすばらしいです。それにシガツェはパンチェン・ラマの住んでいた所ですから、どうしても観光客にお見せしたいルートの一つなんです」

そんなチャムの言葉を振り出しに、五人はミニバスに乗りこんだ。

マークとマリリンは一番前、マイケルと私は一番後ろ、リサは真中の席をとった。リサは座るとすぐ何か日記に書き付け始めた。

「パンチェン・ラマって何ですか?」

リサが聞いた。素直な質問だと思った。バスの中でも政治に関する質問はしてはいけないことになっている。

「パンチェン・ラマってね、ダライ・ラマと同じようにチベット人にとっては精神生活の指導者なんですよ」

チャムは自信たっぷりに答えた。

チベットではダライ・ラマという言葉を使ってはいけないし、話してもいけないから、ダライ・ラマを連発させるような質問はしてはいけないのだ。

「へぇー。ということはどういうことなんですか?」

「それはですね。仏教がチベットに入ってきた時、ダライ・ラマという人をたてて、その人が中心になって聖教政治を始めたんですが、ダライ・ラマ五世が、シガツェにあるタシルンポ・ゴンパの僧長を非常に尊敬していたので、パンチェン・ラマという位を与えたんですよ。」

皆良くわからないという顔をしているのを見て、チャムは続けた。

「もっとわかりやすく言えば、ダライ・ラマはチベット全体の政治と精神生活に責任もって統治していたけれど、当時ダライ・ラマ五世が尊敬していたタシルンポ・ゴンパの僧長にパンチェン・ラマの称号を与え、シガツェを治める権利と任務を与えたのです。シガツェはラサの次に大きな町でしたからね。そこにパンチェン・ラマは居を構え、その土地を統治することになったんです」

一五七八年頃、モンゴル族は中国やチベットの一部に勢力を伸ばしていた。仏教はモンゴルにも浸透していたので、モンゴル人がチベット仏教に接した時、彼等はチベット仏教に傾倒し、モンゴル族長のアルタン・ハンがデブン・ゴンパの僧長だったソナム・ギャンツォにダライ・ラマの称号をおくり、厚く庇護するようになった。これがダライ・ラマという呼称の始まりである。ソナム・ギャンツォは一世としないで、自分の属する仏教の一派ゲルク派の宗祖ツォン・カパ大師の弟子ゲンドゥン・ドゥプパを一世とし、自分を三世とした。ダライはモンゴル語で大海、ラマは上人、教師、指導者という意味である。ダライ・ラマ五世の時代、一六五〇年頃にはモンゴルの豪族グシ・ハーンの後ろ盾を得て政教一致の統治をすることになり、ラサに首都をおいてチベット文化が花咲くことになる。

ダライ・ラマは観音菩薩の化身であるとチベット人達に信じられていた。ダライ・ラマ五世は当時シガツェにあったタシルンポ・ゴンパの僧長を尊敬し、師と仰ぎ、阿弥陀如来の化身にちがいないと確信し、パンチェン・ラマの称号を与えた。ダライ・ラマはチベット全土を管轄する権利を持っていたが、パンチェン・ラマにシガツェ地域の管轄の権利を与え、ダライ・ラマとパンチェン・ラマはお互いに尊敬し合い、学び合い、刺激し合い、継承者を選ぶ時にはお互いの継承者の候補者を準備するという伝統を作っていった。

「でも今のチベットにはダライ・ラマはいませんから、パンチェン・ラマがチベット全体の精神生活の指導者になったんです。政治の方は中央政府が責任をとりますけどね」

チャムが言った。

「そう、あなたはダライ・ラマのことをどう思っているの？」

私は聞いてはいけない事を聞いてしまったのかもしれない。リサが「シッ！」と言った。

「もうそれは過去のことです。ダライ・ラマはここにはいません。ですから考える必要はありません」

「そうすね。質問してごめんなさい。でもあの時、どんな人達が国を出て行ったの？」

「さあね、金持の人達なんでしょう？　お金があれば何でもできましたからね。貧乏人が残ったんですよ」

「金持の人達だけがインドへ逃げたの？」

「そうです」

質問はこの辺でやめなければならなかった。リサは全然質問しないで書いてばかりいる。まるでジャーナリストのようだ。他の人は外の景色ばかり見ていた。


「あの時」というのは、ダライラマのチベット脱出のことである。中国が中華人民共和国になったのが一九四九年。一九五〇年にもうすでに中国はチベットへ侵出してきていた。

チベットでは、一九三三年にダライ・ラマ十三世が亡くなっていたから、その地位が十七年もブランクになっていた。ダライ・ラマ十四世の即位式は、通常は十八歳で執り行われるのが決まりであったが、急いでやる必要があった。その時十四世はまだ十五歳で、帝王学の勉学の最中だったのである。

一九五一年に十四世は弱冠十六歳だったが、十七ヶ条契約にサインをせまられていた。十七ヶ条契約の中では、チベット内でのダライ・ラマの地位は継続され、チベット内での権利もそのまま保持することができるが、チベットの安全は中央政府が守ると明言していた。しかし毛沢東がチベットに向かって、「母国に帰ってくるのを歓迎する」と言っていたのが暗示であるように、ことは契約通りには運んでいかなかった。

一九五四年頃にダライ・ラマ十四世は度々北京に出向き、毛沢東との友好協議をしようと努力していたが、毛沢東は「宗教は人民にとって毒薬である」と言って、全然受け付けようとしなかった。そして、チベットの宗教的な独立は保持するとうたっている十七ヶ条の契約を無視して、チベットへ侵出し、兵士を多数送り込んだ。そして、いよいよダライ・ラマ十四世の居住地であるノルブリンカに攻めてくるという噂が入り、ダライ・ラマ十四世とその側近達はダライ・ラマ十四世を兵士に変装させ、チベット脱出を決行したのである。

ダライ・ラマ十四世チベット脱出の計画は中国側もチベット側も知らなかった。中国側がダライ・ラマ十四世を捕らえるために突入して来るという噂をきいて、チベット側は、いる限りの兵士を集め、ある限りの武器をもってノルブリンカを囲んで待っていた。そこへやってきた中国側兵士と小競り合いになり、それが暴動に発展し大勢のチベット人の犠牲者を出すことになったのである。その時ノルブリンカの内部はかなり破壊されてしまった。一九五九年のことである。

ダライ・ラマ十四世の脱出には二十四人の側近が同行したが、その後、後を追ったのは六万人もいたという。出国者は相続き、今でも続いているという。インド以外で国境を接しているブータンやネパールもチベット人の避難民を無条件で引き受けたので、避難民の数は現在十二万人とも十四万人とも言われている。


ミニバスからの眺めもすばらしかった。今まで見なれてきた景色とは違う。山が全て裸なのだ。山だというのに木がない。そんな岩の山脈が四千から五千メートルの高さでつながっている。それが目を奪われるほどめずらしかった。この素晴らしい景色のどこかに核廃棄物を捨てようなどとは、人間は何と恐ろしい生き物なのだろうと心が痛んだ。

ラサを出るとすぐ、それまで見かけなかった大きな工場のような建物が道に沿ってあり、その大きさには度肝を抜かれた。

「これは一体何ですか？」

これなら政治的な質問ではないだろう。

「これですか？　これは中央政府が大きな太陽光熱を利用したエネルギー工場をチベットに作ろうとしているんですよ」

後から聞いたうわさでは、この計画には日本政府も大いに関連しているのだという。

「中国がチベットに入ってきて、まず手がけたのは道路を建設することと、電気をチベットの隅々まで通すことだったんです」チャムが言った。

道路は山際が切り開かれてどこまでも続いている。電線はどんな山奥までもいきわたっていて、どこからでも見える。

次に気がついたのは、ミニバスの窓から見える家々の小ぎれいさである。まるで新築したばかりのような家が立ち並んでいる。それも、村から村へどこへ行っても、である。それを見ると農民は困っていない、家が新築出来るほど豊かであると旅行者は感じるだろう。

「道端の家がきれいですねえ」

私達がわざわざミニバスを止めて写真におさめたくらいだった。

「実は十五、六年前から、農民は全てが家を新築しなければならないという中央政府からのお達しがあったからなんです」

「えっ、だけど農民が皆新築できるだけのお金を持っているわけではないでしょう？　政府がお金を貸すって言っているの？」

「いいえ、お金は貸すんじゃなくて、上げるって言っているんです」

「えっ、農民すべてに？」

「ええ、もちろん建て直しの必要のない家は建て直しをする必要はないんですが、その代わりお金はもらえませんよ」

「じゃ、家は古くてもそのままずっと住んでいたいなんていう人はどうなの？」

「それは許されません。もし政府の役人が来て、その家は新築の必要あり、と判断すれば家主

遊牧民のすがた

タシルンポ寺
博物館

タシルンポ寺

タシルンポ寺内の手描きの装飾。全寺院が破壊されたが、後に再建された

祭りの準備をする僧侶たち

の意向はかまわず取り壊してしまいます」

「そんな……、それじゃ、お金をもらって建て直したいって、誰でも思うでしょうね」

「そうです。だからほとんどの家が新しいんです」

途中、最近チベットではあちこちで新しい遺跡が見つかっているという話を聞いた。そんな遺跡の跡ではないかと思われるような所が二、三ヶ所あった。

「ほら、ほら、遺跡！」などと、私は最初は興奮して叫んでいたが、その度にチャムが、

「違いますよ。あれは取り壊された家の跡なんですよ」

と言うので、そのうちそういう場面に出くわしても何も言わなくなった。

「遊牧民にも同じことを奨励してます」

「ということは？」

「中央政府は遊牧民がふらふら移住して生活するのを好んでいません。ですから、お金をあげるから、どこかに定住しなさい、と言ってお金をあげています」

「じゃ、ヤクは？」

「もちろん、ヤクを飼うのはあきらめて、売るか殺すかして、農業をするか、あるいは何か他の仕事を見つけることを奨励してるんです」

「それで遊牧民はそのようにしてるの？」

「ほとんどの人達はそれに従っています。だって、こちらがうらやむほどお金をもらっているんですからね。そればかりでなく、遊牧民が使っていた土地は政府が取り上げますから、政府

には土地の問題などなく、鉄道とか工場とか、政府のプロジェクトをどんどん広げられます。そして、それには雇用もたくさんできますから遊牧民は一応うれしがっています。それに、子供達の教育は全部タダですし……」

「それで、その政策は成功してるの？」

「いいえ。遊牧民は定住したがらないんです。もちろんそうしている人達もいますけど……、遊牧民は勉強がきらいなんです。学校に通うのがいやみたいです」

「じゃ、その子供達は将来どういう風にして生活を立てるんですか。親は政府からお金をもらって生活できても、子供達は？」

「そんなこと知りませんよ」


そんな会話をしながらミニバスは走り、ある小ぎれいな町でランチになった。パスポートを見せて検閲所を通過して連れていってもらったレストランは、観光客が皆そこに寄るらしく、広くてきれいで、食べ物もまあまあだった。

ところが、もうそろそろ食事が終わりそうだという時、マリリンがトイレに立ってなかなか帰ってこない。ご主人のマークがチェックに行ったが、マークもかなりの時間戻って来ない。チャムが行ったところ、マリリンはトイレで吐いて、その上に倒れているのだという。それからが大変だった。

チャムは常に酸素吸入器を持っていたので、それを使ってマリリンの意識を取り戻そうとしたのだが、なかなか思うようにいかない。目的地のシガツェに向かって海抜はどんどん高くなっていくのだ。それで、マリリンは海抜の低い所に行った方がよいということになり、マークとマリリンはそのままラサに引き返すことになった。結局これが、私達がマークとマリリンと一緒に旅をする最後の日になってしまった。噂によると、ラサに戻ってもマリリンの状態が良くならないので、マークとマリリンは北京まで戻ってしまったということであった。高山病とはこんなにも恐ろしいものかと身につまされた。

ランチの後、マークとマリリンなしで目的地のシガツェに着いた。ここでパンチェン・ラマの住居であるタシルンポ寺を訪問した。ダライ・ラマにとってのポタラ宮と同じである。大きさはポタラ宮ほどではないが、建物そのものが再建された部分が多く、輝いて見える。この寺はダライ・ラマ三世によって建てられたものだったが、ダライ・ラマ五世が、この寺の僧長を尊敬し、敬い、阿弥陀如来の化身であると宣言してパンチェン・ラマと呼んだ寺である。前述の通りパンチェン・ラマは寺を守るばかりでなく、シガツェの町全体を統治するようになったのである。それからシガツェは発展、繁栄した。パンチェン・ラマとは貴重な学者という意味である。ダライ・ラマは観音菩薩の化身と考えられていたのと同線上の宗教観であろう。

中央政府はダライ・ラマなき後、パンチェン・ラマをシガツェ地区ばかりでなく、チベット自治区全土の精神的指導者として後押ししていたので、パンチェン・ラマの住居であるタシルンポ寺の再建には莫大な資金を投じた。世界最大の金銅仏を作ったり、一九九四年にはパンチェン・ラマ一世から十世までの霊塔を十億円もかけて建立したりして新しい立派なものにした。

この寺で学んでいる僧侶も千人と他の寺よりも多く、チャムによれば建物も僧侶も昔のままを再現しようと努力しているそうである。つまり、僧侶達が身につけている衣や靴なども、他の寺では許されているスニーカーやスリッパなどの履物は許されず、昔のままの履物でなければならないという。

タシルンポ寺では寺の霊塔殿ばかりでなく、大集会堂や寺の中庭で僧侶達が修行している様子も観光客に公開しているのであるから、僧侶達の身につけているものが他の寺とは違うというのが一目でわかる。寺院の境内には博物館などもあり、その近辺を歩く、腰が曲がって杖をついた年寄りの僧の姿もあった。他の寺院では僧侶は皆若い者ばかりだったが、そんな年寄りの僧もいたのかと、ちょっと安心した。昔の寺は老若僧の同居する共同体に近かったような気がしていたからである。しかし、この寺の居住者であるはずのパンチェン・ラマ十一世はここにはいない。立ち寄ったこともないそうである。

一九八九年に亡くなったパンチェン・ラマ十世の人生も波瀾に満ちていた。パンチェン・ラマ九世は一九〇三年にイギリスがチベットに侵略して来た時、当時宗主国だった清国にたより、辛亥革命で清国がなくなるとそれに替わった中華人民共和国に亡命していて、そこで一九三七年に亡くなった。その後、転生者がなかなか見つからないでいたが、ついに一九四九年にその時十一歳のパンチェン・ラマ十世が認定された。伝統的にはダライ・ラマによって指名されるべきであったが、中国政府が強引に選んだのである。小さい頃から聡明でまわりから大変な期待をかけられていたが、中華人民共和国ができた頃は十一歳で、その頃からすでに共産党に賛同し、党員になり、すでに毛沢東に「チベットを解放して下さい」という依頼の手紙を書いたそうである。そんなことが理由で十世に選ばれたのかもしれない。中央政府はこの聡明なパンチェン・ラマ十世をチベット解放の際に中央政府側との橋渡しの役目をさせようと考えていたのである。

ところが、パンチェン・ラマ十世は実際にチベットに渡った時、その現状に驚き、それまでの考えをすっかり変えてしまった。それまで一度もチベットを訪れたことがなかったのである。一九五九年の暴動が起きた時にはすっかりチベット側につき、ダライ・ラマ十四世を支持し、一九六一年には、中央政府のチベット政策に反対し、その意見書を七万語の文章にまとめて、毛沢東に送り、宗教の自由を訴え、捕われている者達の解放を訴えた。毛沢東はそれを「毒矢」と呼び、完全に無視し、そのうちその意見書は紛失してしまった。それが、偶然一九九八年にロンドンで見つかり、翻訳されて、「毒矢」という題でロンドンで出版された。

モンラン祭りというのはチベット人の正月であり、大切な祭りであるが、一九六四年、中央政府はそれを利用しようとした。パンチェン・ラマ十世がダライ・ラマを否定し、ポタラ宮に移り住むという演説をするようにパンチェン・ラマ十世に指示していた。しかし彼は反対にダライ・ラマを支持し、中央政府を批判したので、直ちに捕らえられ、監獄に送られることになってしまった。それから十四年間、パンチェン・ラマ十世は監獄生活を送るのだが、時々民衆の前にさらされ反省をせまられることもあったという。

再教育の後一九七四年には出獄できたが、シガツェに戻ることは許されなかった。中国人の女性と結婚し、子供までもうけるという一般市民の生活を北京で送っていた。それでも低姿勢ながら中央政府のチベット政策、特にチベット人が最も神聖としているヤムドック湖にチベット人に相談もなく水力発電建設に着手したことに反対するなどしていた。そして一九八九年、チベットの民衆に約束したようにシガツェに戻り、そこで亡くなるのである。享年五十という若さだった。葬式はもちろんタシルンポ寺で行われたが、パンチェン・ラマ十世はチベット人から英雄として迎えられ盛大な葬式になった。しかし、中国人妻の参加は許されなかった。チベット人にはパンチェン・ラマ十世は妻に毒殺されたと信じるものが多くいたからである。

パンチェン・ラマ十世が亡くなった後、彼の継承者は今までの習慣としてインド在住のダライ・ラマ十四世によって指名されたのであるが、当時六歳だったパンチェン・ラマ十一世は家族共々どこかに連れ去られるという事件が起きた。一九九五年のことである。いまだに行方はわからない。

それを理由に、中央政府は十世を選んだ時のように、また自分達で十一世を選んだ。そのパンチェン・ラマ十一世は軍人の息子で、現在中央政府の役人として勤務しており、シガツェは一度も訪れていない。そういう人物が将来チベット人の精神的指導者になり得るのだろうか。

▽シャリシャリと祈りの手車初嵐
▽岩肌の黒きテントに人や住む

民族衣装はいらない ―― ナムツオ湖

リサは、前の日にチャムに、「民族衣装を着てみたいんですけど、着せてくれて写真を取ってくれる写真館はどこかにありますか」と聞いていた。

チャムは、あるともないとも言わないで、「誰もいないところで、私の民族衣装を着ればいいでしょう？　明日持って来ますからね、楽しみに待っていてください」と言っていた。

シガツェへ行く途中、水の色がトルコ石のようになるというので有名な、チベットで二番目に大きいナムツオという湖に立ち寄る予定になっていた。そして七千メートル級のニエンチェンタンラ山脈をバックグランドにした景勝を見逃してはならない観光地の一つとして予定に入っていた。

確かに眺めはすばらしい。しかし、そこへ行き着くには、海抜四千七百三十メートルまで登っていくのだ。マリリンにはとても耐えられなかっただろう。ラサに戻ったのは本当に良かった。

湖の水の色が本当にトルコ石なのだ。湖は長く七十キロもあるそうだが、それが全部トルコ石の色というわけではなく、ところどころそうなのだ。どうしてそういう色になるのか。リサ

ニエンチェンタンラ山脈

ナムツオ湖

民族衣装を着てみた

の説によると、海水だからだという。水は海からきているわけではなく、かといってどこかに流れ出ているわけでもないので、沼のような湖なのだが、水はなぜか塩っぽいのだ。私は深さがそういう色に見える原因なのではないかと言ったが、誰にも本当のことはわからない。

ここには中国人の観光客がわんさといた。そんな中国人が我が物顔に両腕を真横に拡げ、「チーズ」と言って写真を取り合っているのを見ると、何となく苛立《いらだ》ちをおぼえたが、チャムはすぐ、「ここは混んでるから、もう少しドライブしましょう」と言って私達をミニバスに乗るように促して車を走らせた。車が走る道は一本道で、湖にそって走っているから、どこからでも湖は見える。三十分も行ってから、チャムが「この辺ならいいでしょう」と、私達に降りるように言った。

「ほら、言われた物を持ってきましたよ。この辺はあまり観光客がいないから」

湖はどこまでも続いている。

チャムは自分の民族衣装を持ってきたので、誰もいない所でリサに着せようということらしい。リサは狂喜して、その民族衣装を着せてもらい、「写真、とって！」と私に催促するので、私がカメラマンになって何枚も取った。

そんな騒ぎが一段落すると、今度は私に「さあ、今度は貴女の番よ」と言って、ぬいだ衣装を私の手に渡したので、私が着ている服の上にその衣装を着せてもらった。

「ほら、ただ立ってないで、何とかポーズをとりなさい」

私は、手を挙げたり下げたりしていたが、気が付くと、自分が嫌だと思った中国人の若い女の子と同じことをしているではないか。そんな写真の取り合いの様子をマイケルはじっと眺めていたようだったが、実はそれを自分のカメラで撮影して結構楽しんでいるようだった。やがて女達のお遊びも終わって、私達はまたミニバスに乗り込み、先を急いだ。

「貴女のすばらしい民族衣装、いつ着るの？」

車が走り出してから聞いてみた。

「さあ……、あまり着る機会なんてないんですよ。結婚式とか……」

「お祭りには？」

「お祭りにもあまり着ませんね。民族衣装を着るのは、ほとんど田舎の人達なんですよ。都会に住む若者はほとんど着なくなってしまいました」

「そう、じゃ貴女は何枚ぐらい民族衣装を持ってるの？」

「もちろん一枚。これだけ。だって、普段全然着ないものなんて必要ないでしょう？　普段はいつもジーンズとシャツ。それだけあれば充分」

アメリカ人のような口調だ。

「たった一枚しかない大切な衣装を借りて、申し訳なかったわねえ」

「いいえ、どうせ着ないんだからいいんです」

「どうせ着ないって、でも民族衣装ってチベット文化の一つでしょう？」

「ええ、でもチベット文化は九十パーセントなくなりましたから」

そんなチャムの淡々とした答えを聞いて悲しくなった。チベット人なのに、チベットの民族衣装をたった一枚しか持ってなくて、それさえも着るチャンスがないなんて、そして自分の文化が九十パーセントもなくなったと認めているなんてどうしたことなのだろう。それは、教育のある若者がチベットの民族衣装のようなチベット的な文化を否定するような心理なのだろうか。そしてジーンズのようなアメリカ的な物を身につけるのがかっこいいと思っているのだろうか。それとも本当にチベット文化や風習がなくなってしまったのだろうか。

▽はてしなく続く電線夏の山

ホテル騒動 —— ヤクホテル

チベットの旅行中、私達が泊ったホテルはラサもシガツェもヤクホテルという。このホテルは私達が個人的に選んだホテルではなく、旅行会社によって指定されたホテルなのだ。一番最初にツアーの予約をする時、あなたはどのランクのホテルがいいですかと聞かれ、それによってツアーの値段が決まる。私は三ツ星ホテルと指定した。マイケルもリサも同じだったかもしれない。ユタからのご夫婦は四つ星のホテルを予約したと思う。ラサには五つ星のホテルはないのだから。

ヤクというのは、高山に住む毛の長い牛で、チベットの遊牧民の生活の糧でもある。誰にも愛されて、ついにホテルの名前にまで使われるほどなのだが、ホテルそのものは、ヤクのように愛され、親しまれるにはほど遠い。しかし位置的には便利である。

ラサにあるヤクホテルは北京東路という通りに面している。その道を東に三十分くらい行くと、ラサの観光中心地ポタラ宮殿が現れるので、ホテルはかなり町の中心に位置していることになる。その北京東路を渡って、十分も歩くと観光では見逃せないジョカン（大昭寺）もある。

ホテルの六階建てのホテルの屋上が朝食をとるレストラン、カフェになっていて、そこからの眺めがすばらしい。ラサは山に囲まれ、ポタラ宮が山の中腹を利用して建てられているので、近辺では一番高い建物になっている。ポタラ宮は以前は山を背にして聳《そび》えたっていただろうことが想像されるが、今は同じような高さの建物が乱立しているから、ポタラ宮がビルの中に埋もれてしまうのも時間の問題だろう。

ホテルの建物はずいぶん昔に建てられたようで、木造でしっかり建てられていて、外装もいかにも植民地時代風で面白い。しかし設備が整っていない。整っていないというよりは管理不行き届きなのだ。

リサの部屋は、風呂桶が取り外されていて、カーテンが一枚あるだけだ。シャワーがあびられるからとリサは平気だったが、私の部屋はトイレの水が出なくて、直してもとうとう水が出ないので部屋を変えてもらわなければならなかった。

マイケルの部屋は最初はドアが開かなくて、やっと開いてもそれこそドアを叩き付けるようにしてやっとしまるという具合。閉めてもちゃんと閉まらない。その上、マイケルは鼠が走り回るのを見たという。最初は、持っていたナイフで殺してやろうと思ったけれど、もし間違って鼠に襲われて怪我をしてラサの病院に運ばれたらやっかいなことになるだろうと考えて、鼠を逃がしてやったという。ドアを開けないのに、消えたというのは、一見素敵なコロニアルスタイルの部屋に鼠が出入るする所があるらしい。

私達に与えられた部屋は四階だったから、エレベーターなしでそこへたどり着くまでハーハーいって大変だった。着いてすぐ前述のような問題があり、落ち着くまでかなりの時間がかかった。休むことしかないのであるから、それでもよかったのだが、昼食は抜いたが、夕方になるとさすがにお腹が空き、こわごわホテルの外へ出て、レストランをさがすことにした。

元気なリサが前もって調べてくれていたから、マイケルと私は、おっかなびっくりでホテルの前の道ぞいを歩いていく。中国人の経営する中華レストランが次から次へと並んでいる。レストランはセミ屋台で、開けるドアもなく、外から中が丸見えだ。だから、誰が何を食べているか一目でわかるのだが、それでもマイケルは中に入るのをこわがった。まず誰も英語を話す人がいない。壁に書いてあるメニューも皆中国語。リサが推薦してくれたレストランも同様。私は日本流に漢字を読めば大体の想像がつくが、マイケルは注文しても、何がくるのかわからないので非常に不安だという。仕方なく歩いていくと、英語でメニューが壁に書いてあるレストランが見つかった。そこに入ってやっと夕飯にありつけたというわけであった。

ヤクホテル

ヤクホテルのロビー

ヤクホテルの屋上からの景色

帰りに、やはりリサに格安で買えると教えられた店で水を買い、ホテルに戻った。たかが水でも店によって値段がかなりちがうのであるから、何でもまず値段を確かめること、とリサに嗜《たしな》められていた。その教訓が大変役に立ったのである。ホテルに着いて、またハーハーいいながら階段を上り、やっと自分の部屋にたどり着いた時には、とにかく、その日一日、高山病にはかからなかったことを感謝した。

観光三日目に訪れたシガツェでもまたヤクホテルに泊った。このヤクホテルもずいぶん昔に建てられたという感じである。ホテルのロビーはまあまあで、これならば確かに三ツ星だと合点。天井は高いし、椅子もきちんと並べられて、飾り付けもきちんとしている。土産物のコーナーも小さいながらいろいろとり揃えて備えてある。ただし、受付の人達は英語が全くわからない。中国語は出来るのだろうが、英語はダメらしい。どうしても何か問題のある時にはマネジャーか誰か、英語のわかる人をさがさなければならないので、私達英語圏から行った者は本当に困る。何も言わなくてもそこで一夜を過ごせればいいのだが、誰かにどうにかしてもらわなければならない事態が次々生じるのだ。

例によってトイレの水が流れないという問題。バスルームも決してきれいとは言えない。狭くはないが、何度も水漏れを直した跡がある。その後遺症がすごいのである。

トイレの水が流れないのはハウスキーピングに来てもらって直してもらうのであるが、いつもその場限りなので、また同じことが起こる。部屋を変えてもらう。今度はベッドサイドのランプがつかない。「つかない、つかない」と騒いでハウスキーピングに来てもらったら、何と、そのためのスイッチを一つ押すのでなく、三つのスイッチを合わせて押すと、やっとつくという仕掛け。一度つけたら、オフにするのが恐いくらいだ。ロジックにあわないスイッチのコンビネーションなんて覚えていられないではないか。テレビもあるにはあるが、チャンネルが非常に限られていて、中国語のチャンネルしかないから、私達は外で何が起きているのかわからないという状態におかれる。

私が困ったのはトイレットペイパー。確かにトイレットペーパー・ホルダーは備わっている。ところが、一回使うごとにトイレットペーパーが床に落っこちる。よく見たら、トイレットペーパー・ホルダーとトイレットペーパーそのものの幅が合っていないのだ。トイレットペーパーの方がずっと狭くできている。だからかろうじて最初はかけられるけれど、紙を使おうとして引っ張ると床に落ちてしまうということなのだ。つまりトイレット・ホルダーはイギリス製で、ペーパーは中国製なのか？

その上トイレットペーパーの量が少ない。すぐになくなってしまう。それが分かっていても決して予備はおいておかない。三ツ星ホテルなのにと私はまたまた英語の話せるマネジャーをさがしてトイレットペーパーをもらう。トイレットペーパーの幅の狭いのはどうしてかとは聞けなかったけれど、どうして予備をおかないのかと聞いてみた。

「それはお客が盗むからですよ」

それ以上聞くことができなかった。

ホテルでの騒動はそれだけでは終わらない。ホテルの外にもある。いつも真夜中になると犬の大群が一勢に吠え出すのだ。そしてそれが止まらない。吠え続けているうちに白々と夜が明けるという具合なのである。

▽万年の歴史たどりし夜長かな
▽蝦夷菊の岩の影よりひっそりと

エベレストが見える

私が最初にチベット行きを申し込んだのは、「青蔵鉄道で北京からラサに行き、それからエベレストのベースキャンプを経てネパールの国境まで行く十八日間の旅」という宣伝文句に釣られたからである。

ところが申し込んだすぐ後に、中国政府の方針が変わり、外国人のチベットへの入境が厳しくなった。しかも、五人以上のグループでないと許可が下りないということである。しかも許可はなかなかおりないので青海鉄道の予約が取れないことになり、結局飛行機で入境という事態になってしまった。

今回中国側の方針が変った理由は、五月にチベットの二人の尼僧が自殺を図ったからという噂をきいた。その噂が本当なのかどうかガイドのチャムに聞いてみた。

「違いますよ。外国のメディアはここで本当に何が起こっているかを正確に伝えない。本当は尼じゃなく、二人の若い僧侶だったんですよ」

　尼でも若い僧侶でも、自殺をはかったことには相違ない。

「でも……、それにしてもこんなにたくさんの兵士やポリスが見張っているので、デモをやるとか、自殺をするとか、ほとんど不可能に見えるけどねえ」

　と私が言ったら、「シッ！」とチャムは言って、この話はこれで終わりになった。兵士とかポリスとかいう言葉は禁言なのか。

　自殺をはかってもすぐに見つかってしまうから、そのまま死ねればいいが、死にきれないうちに捕まり監獄に入れられ、拷問され、そのまま獄の中で死んでしまうと聞く。それでも焼身自殺者は絶えない。二〇〇九年から二〇一二年十二月六日までに八十人以上の犠牲者が出たという。特に中国共産党大会のあった十一月には二十四人もの自殺者が出た。それが皆十代、二十代だというのだ。

　ラサにはあちこちに見張りの兵士達がいて、最後の兵士は必ず消火器を持っている。それは、焼身自殺者を見かけたらそれで消すためである。さすがにこれほどきびしい監視の中で焼身自殺をする者は減ったが、最近はチベット北東地区でよくおきるらしい。そして自殺者は若い僧侶とは限らず、一般市民であることも多くあると聞く。

私達のツアーの変更は飛行機での入境だけではなかった。エベレストのベースキャンプへ行く道路も封鎖された。そこへは行けないということは聞いていたけれど、その理由は聞いていなかった。

「それはですね。一人のイギリスの旅行者がチベットの旗とダライ・ラマ十四世の写真をたくさん持ってきて、他の旅行者や、その辺のチベット人に配ったんです。そのイギリス人は捕えられ、それから他の旅行者も制限されるようになったんです。それもつい最近のことです」

そんなチャムの説明に、座は一瞬しらけた。

「でもね。ベースキャンプには行かないけど、エベレストが見えるところまで連れて行ってあげます」とチャムが申し訳のように言った。

ベースキャンプからのエベレストの景観は格別だと聞いていたので本当はがっかりしたのだが仕方がない。

「わーっ、うれしい！　私は、本当はそれが一番の目的だったんです」

リサが言った。

「見えるといいけどねえ。今はチベットは雨期だから、運がよければ見えるし、運が悪ければ見えないいんです」

「きっと、見えます。運が巡ってきます。たくさんお祈りしてきたから」

リサの熱心さに押されてチャムは運転手のネン・ゼンに先を急がせた。

「見える所があるんですよ。あまり遅くなると暗くてみえなくなります」

焼身自殺者に備えて消火器を持つ兵士

ティンリーの旅館

土産物屋で売っていた品物とおじさん

車はティンリー（定日）に向けて走った。そこへ行くにもパスポートを見せて許可が必要だった。車が、ティンリーに着く前に止まった。

「ここからエベレストが見えるかも知れない」

チャムの言葉に皆が車から降りた。

そこは名のない峠だった。車から降りると、前方に山々が広がっている。

「運が良ければここから見えるんですけどね。今日は駄目かな……」

前方には山々が連なっているけれど、そのまた向うにヒマラヤ山脈が見えるはずだという。その山脈の一番高いのがエベレストなのだ。

リサはノートを出して何か書き出した。

「ここは何という所ですか？」

「名はないんです。本当はここはエベレストを見るところじゃないんですが、旅行者がこの場所からエベレストが見えると言い出して、それからは旅行者は必ずここに止まってエベレストを見ようとするんです。天気のいい日には良く見えます。遠いですけどね。でも今日のような雨期の夕方はちょっと難しいですね」

どんなにその方向を見つめてもエベレストの姿は見えなかった。

「明日の朝、早く来ましょう！　そしたら見えるかもしれませんよ」

チャムが元気づけるように言った。

「そうしましょう。早くホテルに行って、早く寝て、早く起きてまた明日ここに来てみましょう。絶対に見えるから」

リサは全然あきらめていない。

その峠から三十分も行かない所に宿をとった。そこがティンリーという小さな町だった。ティンリーという町は小さいけれど、海抜五千メートルもあって、エベレストの登山口になっている。この町にも検閲所があり、それを通過して南の方へ進み、左に折れると山道になり、更に行くとエベレスト・ベースキャンプに到着する。私達はそこへ行くはずだった。左に折れないでそのまま南に進んで行くとネパールの国境にたどり着く。一時期はこんな行程でネパール入りした旅行者もたくさんいたらしい。しかし今はその道も閉鎖されている。


翌朝まだ暗いうちに起き、荷造りをし、朝食を特別早くにしてもらい、車に乗り込んで、例の名のない峠に着いた。太陽が昇る前に着きたかったのだ。そうすれば、もしかしたら、太陽が昇る時にエベレストが太陽の光で輝くかもしれないではないか。

しかし、それはちょっと無理な注文のようだった。というのは、私達の頭の上には雲はなかったが、ヒマラヤ山脈のほうには雲がかかっているのだ。昨夜雪が降ったという。

「ちょっと待って……、もしかしたら雲が晴れるかもしれない」

チャムは長い経験から言っているのだ。確かに、なんとなく雲が上がっていっているような気がする。私達五人はヒマラヤ山脈の方向をしばらくじっと見ていた。

私達が立っている所は展望台で、コンクリートでできている。多分政府の仕事なのだろうが、下の方に公衆トイレも整っている。その広場には、そこを訪れる観光客相手にテーブルを出して、お土産を売っている。

「この人達はどんな人達なの？」とチャムに聞いたら、チャムは、「知らないわ。多分近所の村人達なんでしょう」と言って、それ以上聞かないでというようなしぐさをした。お土産屋の人達は七、八人いて、道路の向こう側にある牧場の道路際にテントを張ってそこで寝泊りしているらしい。

私達が朝はやくからヒマラヤ山脈を見つめている姿を見つけて、一人、また一人と、テントの中から出てきた。前の日と同じメンバーだ。それから、「ハロー」「ハロー」と言いながら、ゆるゆるとテーブルを出し、一個、一個お土産品を並べ始めた。こんなに朝早くからでも商売をする気があるらしい。

チベット人は商売人としてもしたたかという評判がある。お土産品に目をやると、ほとんどは骨董品のようなもので、お土産品とはいえ新しく作られた物は何もない。テーブルの上に並べられた品は、チベットの山から取れた石で作った腕輪やネックレス。貴重な石もあればよく見かけるさまざまな色の瑪瑙《めのう》もある。一番貴重とされているのは珊瑚《さんご》らしい。

これはどの高山も何億年も前は海底にあったので、太古の珊瑚や魚の化石が見つかり、それを掘り出して、化石のかけらと銘打って売ったりしている。チャムは例のごとく、

「こんなところでチベットのお土産なんて買っては駄目。みんな偽物なんだから。こういう人

達は嘘のものを本物のように見せかけて売るのが上手なんだから、すぐにごまかされる。どうせ買うなら政府の経営するちゃんとしたお店で買った方がいい」と言って、私達をそんなお土産品のテーブルから遠ざけようとしているようだった。

私は道の向こう側にあるテントに興味をひかれた。傍に大きな立て札がある。その立て札には何と書いてあるのだろう。チャムに聞いても納得のいくような返事は返ってこない。私は一人でそのテントの方に歩いていった。テントから女の子が顔を出した。それで、私が、「ハロー」と言うとその女の子も「ハロー」という。

「これは何ですか。貴女の家ですか？　あの立て札には何て書いてあるんですか」と英語で聞いた。女の子はキョトンとして私の顔を見つめている。

「誰か英語の話せる人いない？」

と聞いたら、その女の子はさっと家の中に入り、

「イングリッシュ、イングリシュ」と大きな声で言いながら、誰かをさがしているようだった。そして、そのうち十八歳ぐらいの若者が皆に押されながら出て来た。

「この子が学校で英語を勉強しているから、この子に聞けばいい」と言っているのではないかと私は解釈して、その子に英語で、あの立て札には何と書いてあるのか聞いた。その子は頭をかかえて、ただ、「イングリッシュ、イングリッシュ」と言いながら、逃げ回っている。やっぱり、その子でも私の質問がわからないし、答えられないようだ。

最初の女の子もそれがわかったのか、今度は私の手を引いて、家の中に入れという。気が付くとそのテントの中に入っていた。

テントの中はもちろん電燈などないから薄暗くてよく見えなかったが、家の真中に大きな柱があり、その柱に大きなヤクの頭骸骨が掲げてある。その頭骸骨はきれいな色で塗られ、その上から布だの数珠《じゅず》だのが幾重にも掛けてある。ヤクの頭骸骨はこの家の守り神として祀られているらしい。

ヤクの頭骸骨の下にはまるで祭壇のような大きな木で作った桶があり、それが真中で仕切られている。一方には蕎麦《そば》の粉が、もう一方にはまだ粉にされる前のなまの蕎麦が溢れるように、山の形に盛られている。

粉は料理をして食べ、蕎麦の実はお祈りをする時にあちこちにまき散らすのだということを、その女の子が身振り手振りで説明してくれた。そして、私に、蕎麦の粉になった方をなめてみろという。私は言われた通りに手にすくってなめて見た。確かに蕎麦粉の味だ。

廻りを見ると、テントの回りにベットがいくつも置かれている。何人もの人達がここで寝起きし、生活しているようだ。テントの隅には煮炊きをするところもあり、大きな中鍋が置かれていた。ヤクの頭骸骨の写真を撮ってもいいかと聞いたら、いいというので、一枚取ったら、今度はその女の子が自分の写真も撮ってくれという。私は、「そこでは暗いので、外に出ましよう」と言って、その子を連れ出し、写真を一枚とった。そしてすぐ見せてあげた。その子は、「キャー、キャー」と喜んで、他の女の子、母親らしき人、子供等を連れてきて、写真を撮れ

明るく元気なチベット人の子どもたち

頭飾りを着けてみた

雲のかげにエベレストが見える

という。皆自分の顔が見たいのだ。「あなたが撮ってあげなさい」と言って、その子に写真機を持たせて写真のとり方を教えたら、家族全員が撮り合い、キャー、キャー叫んで飛び廻った。

やがて女の子はテントの中へ入っていって、宝石を両手に持って出て来た。それを自分の頭の上に乗せて、写真を撮ってくれというしぐさをする。撮ってあげると、今度はその宝石を私の頭に乗せて、私の写真を撮ってくれた。


「見えた、見えた！」リサが大きな声で叫んでいるのが聞こえた。

一斉に皆が山の方を見た。

夢中で写真の撮り合いをしているうちに、雲はさらに動き、エベレストが見えるようになったのかもしれない。私を呼ぶ声が道路の向かい側から聞こえてくる。確かに雲はだんだん晴れてきたようだった。日の出のエベレストの輝きは見えなかったが、何となく白い山脈の一部が見えてきたような気がした。

「大丈夫。雲が上がってきている」

それまで写真の撮りっこをしていた家族全員が道路を渡って、テーブルの方に行った。お土産品を売っている人達は家族全員で寝泊まりしながら商売をしているらしい。しかし、そのお土産を買っている客などもちろんいない。皆エベレストを見にくるのが目的なのだから。

「ほら、あそこ、あそこ」

リサは私がそれまでそこにいなかったので、私にエベレストの片鱗を見せようと懸命だった。

ここで見逃したら、この旅行の意味がないとまでリサは思っているらしいので、何枚も写真をとった。

エベレストを見にきた観光客の中にはリサの持っているカメラよりはもっと大きいカメラを持っている人もいて、親切にそのカメラをのぞかせてくれた。

「やっぱり待ったかいがあったわねえ」

リサはなかなか興奮から覚めない。エベレストが見えたといっても、小さい。しかもほんの片鱗だけなのにリサは満足しているようだった。

エベレストという名前は一九五四年にインド測量局がこの山の標高を始めて測った時に、外部の者には無名の山を、当時長官を務めていたイギリス人のジョージ・エベレストにちなんで付けた。チベット人は昔からこの山をチョモランマという名前でよんでいるので、エベレストと言ってもわからない。チベット人の関心は、そこに立ち寄る観光客に一つでも多く自分のテーブルからお土産を売ることなのだが、観光客は無関心だ。

エベレストすなわちチョモランマを見た後は、何も見るものがなかった。山間を走って、ラサに帰るだけだ。私達のいる所は快晴だったが、特に高い山には雪が降ったらしく頂上はうっすらと白いもので覆われている。それが非常に美しい。木のない山々が白い帽子かスカーフをかぶったような景色を見ながらのドライブはすばらしかった。あまり美しいので、時々ドライバーに言って車を停めてもらい、写真におさめた。

帰りのラサまでのドライブはかなり長距離だったから、チャムはいろいろ私達に話しかけてくれるのだが、政治的な質問は駄目だとすれば、聞きたいことは聞けなかった。

途中、裸の山々の間に黒いテントが張ってあるのが見える。それは遊牧民の集団である。その黒さはエベレストを見た道路の反対側にあったテントの色と全く同じである。

「あのテントは遊牧民のでしょう? 止まってあのテントを見てみたい。出来るなら、あのテントの中がどうなっているか見てみたい。そして、遊牧民と話がしてみたい」と言ったら、「私は遊牧民の言葉を知らないから、駄目。危ないから近づかない方がいい」とチャムは言って、全然止まってくれなかった。残念ながら遊牧民と会話をすることはできなかった。

遊牧民優遇政策が始まってから、六、七年はたっているのに、まだあのような伝統的な遊牧民の生活スタイルを変えていないというのは、どういうことなのだろう。そんな人達の意見も聞いてみたかった。

▽日焼け皺一筋ごとに物語
▽秋蝶のげにもどかしや岩の群れ

お金ができたら ―― 風葬、鳥葬

ラサへの道は長かった。しかし車の中で話せることはあまりない。チャムは何でも聞きなさいというけれど、政治に関することは聞けないので、聞ける話の種はあまりない。

リサが、チベットではどこかに鳥葬《ちょうそう》の習慣があるそうだけれど、それは本当かと聞いた。

「本当です。最近ますます増えました。鳥葬をするにはお金がかかりますからね。お金のある人が増えてきたんでしょう」

「いやだー！」とリサが叫んだ。

「見たいですか。ラサに帰る途中にそれをやっている所がありますから、もし興味があるのでしたら、そちらの方を通るようにネン・ゼンに言いますけど」

「興味あるー。誰でも見られるんですか」

「近くでは見られないけど、遠くの方からなら見られます」

「見たいー」とリサは言うのだが、マイケルはあまり興味を示さなかった。でもマイケルは人の意見に反対するようなことは言わないので、結局リサの希望が通り、車は方向を変えて、鳥葬が行われている方に向かった。

鳥葬は、風葬ともいわれ、人が死んだ時、その死骸を山の頂上へ運んで行き、禿鷹《はげたか》に食べさせる風習である。

「誰でもそうするんですか？」

「いいえ、それが出来るのはお坊さんとかお金持ちの人とかです。それが出来るのは名誉なことなんです」

「あー、恐い！　禿鷹なんて！」

「でもチベット人にとっては禿鷹は神様ですから、禿鷹に全部食べてもらうことは、神の祝福を受けることなんです。そのために、送り出す人達はなるべく全部食べてもらうように、骨も粉々にし、肉と一緒にまぜます。蕎麦粉と混ぜて団子にして禿鷹の食べやすいようにしてあげるんです。食べ残すと、その人は生きている時に何か後ろめたいことをやったから、禿鷹が食べないんだと解釈するんです」

「じゃ、お金のない人達はどういう風にして埋葬するんですか」

「水葬です」

「水葬って？」

「つまり川に流すんです」

「死体のまま？」

「いいえ、それでは大き過ぎてどこかにつかえてしまうでしょう？　全部バラバラにするんです。そうすれば魚にとっても食べやすいし」

「えっ、魚が食べるんですか？」

「そうですよ。なるべく早くに魚に食べられるのがいいんです」

「えっ、そしてその魚を人間が食べる？」

「いいえ、チベットでは川で魚を捕るのは禁じられています。だからめったに魚を食べることはありません。たまに食べますが、その魚は皆インドから輸入したものです」

「ダライ・ラマも亡なると禿鷹に食べさせるんですか？」

鳥葬が行われている山

立ち上る煙は鳥葬のしるし

ラサからシガツェまでの青蔵鉄道の開通はもうすぐのようだ

「いいえ、ダライ・ラマは別格です。ダライ・ラマはミイラにします。ミイラにする技術はチベットにもあって、ダライラマはミイラにします」

「火葬にする人はいないんですか」

「いますよ。ダライ・ラマの次に偉い人が火葬です。つまり高僧とか。次が鳥葬で次が水葬です。そして一番社会の底辺の人達とか、お金のない人とか、それから伝染病で死んだ人達は土葬です。でも土葬も大変なんです。チベットでは土のある所が少ないですからね。どこも岩だらけ。ですから誰も土葬はいやがります」

マイケルはこんな話は好まなかった。始終沈黙を守っていた。やがて車が止まった。

「あそこです。あそこの山の上です」

チャムが指さす方を見ると、想像していたよりは小さな山というよりは丘のような所なのでびっくりした。

「煙が出てるでしょう？　あの煙は僧侶達の祈りの煙です。今誰かの葬式をやっている最中なのでしょう」

私達の車の前にも後ろにも次々と観光バスが止まって、中から観光客が出て来て写真を撮っている。鳥葬を見るといってもその現場が見られるのではなく、遠くの方から山の上にあがっている煙を見、その上を五、六羽の禿鷹が輪をかいて飛んでいるのが見えるだけだった。

一九八〇年代は観光客にもっと自由があったので、観光客は鳥葬にも参加でき、実際に死体を切ったりするのを見学することが出来たそうである。しかし、ある時、写真に夢中になっていた観光客が木に登り、望遠レンズでその様子を写真に撮っていたら、禿鷹が怖がって近づかなくなった。これは死人とその家族にとっては悪い前兆と取られ、それ以後は観光客は絶対に入れないでほしいというチベット人からの要請があった。従って今は遠くから眺めるだけというとになってしまった。しかし私にはそれ以上近くに寄ろうという欲求はなかったし、リサもそれで充分に満足した。

河口慧海が一九〇一年にラサを訪れた時、まさしくこの鳥葬を目撃し、「不可思議なる葬式」と題して、その時の模様を次のように書いている。

「……そこがすなわち墓場でして、墓場のぐるりの山の上あるいは巌の尖には、怖ろしい眼つきをした大きな坊主鷲が沢山居りますが、それらは人の死骸の運んで来るのを待って居るのです。まずその死骸の布片を取って巌の上に置く。で坊さんがこちらで太鼓を敲き鉦を鳴らして御経を読みかけると一人の男が大いなる刀を持ってまずその死人の腹を截ち割るです。そうして腸を出してしまう。それから首、両手、両足と順々に切り落として、皆べつべつになると其屍を取り扱う多くの人達（その中には僧侶もあり）が料理を始めるです。肉は肉、骨は骨で切り放してしまいますと、峰の上あるいは巌の尖に居るところお坊主鷲はだんだん下の方に降りて来て、その墓場の近所に集まるです。まず最初に太腿の肉とか何とか良い肉とやり出すと沢山な鷲が皆舞い下って来る。

もっとも肉も少しは残してあります。骨はどうしてそのチャゴエ（禿鷹）にやるかというに、大きな石を持って来てドジドジと非常な力を入れてその骨を叩き砕くです。その砕かれる場所も極まって居る。巌の上に穴が十ばかりあって、その穴の中へ大勢の人が骨も頭蓋骨も脳味噌も一緒に打ち込んで細かく叩き砕いたその上へ、麦焦しの粉を少し入れてごた混ぜにしたところの団子のような物を拵えて鳥にやると、鳥はうまがって喰ってしまって残るのはただ髪の毛だけです。……」

それからラサまでの道のりは皆黙りがちだった。外の景色は相変わらず裸の岩山が続いていて、ラサが近づくにつれて、刈り入れの終わった蕎麦や菜種の藁がつんであるのが、何となくなつかしく心が和んだ。

そんな和やかな景色の真中を鉄道の工事が突き進んでいるのが見えた。ラサからシガツェまでの青蔵鉄道の開通はもうすぐのようだ。シガツェからはブータンの国境まで開通する計画があるそうだ。もしそうなったら、チベット人の人口の九十パーセントをしめる農民、遊牧民の生活はどう変るのだろう。想像するのも難しい。

▽冬山の香煙に舞ふ神の鳥
▽高山に我が物顔の鷹の群れ

第3章　祭りの時間

チベット仏教の根拠地　――ガンデン・ゴンパ（甘丹寺）

五人のグループがとうとうマイケルと私の二人になってしまった。リサは二日前にニューヨークに発ってしまった。

チャム自身、私達二人があと二日ラサに滞在することは聞いていなかったようで、リサの去ったあと、戸惑っているようだったが、朝になって、

「今日の午前中はすぐちかくにあるイスラム教のモスクを見学しましょう。そして午後は一日はガンデン・ゴンパに行きましょう」ということになった。最後の日はショトン祭り見学のはずだった。

「イスラム教のモスクがラサにあるの？」

「はい、ラサに三つあります。五、六年前から他宗教に対しても統制が緩和されました。今我々には宗教の自由があるんです」

チャムは自慢するように言った。

一番近くにあるモスクはバルコル（八角街）の中にあった。ホテルからも近い。小さなモスクではあったが、立派な門がある。私達はもちろんモスクの中には入れないが、門の中へは自

ラサにあるイスラム教のモスク

モスクの門

高価な漢方薬「冬虫夏草」

イスラム人街で「冬虫夏草」
が売買されていた

由に入れる。モスクの隣の空き地には工事の建築材料がちらばっている。

門の前はちょっとした広場になっていて、そこから道が三つに別れる。どの道も商店街なのだが、その広場の真中に警察署があり、何とその真ん前で「冬虫夏草」の売買をしているではないか！「冬虫夏草」というのは、漢方薬では一番高価なものだと聞いたことがある。金よりも高いという。

イスラム人もチベット人も商いには長けているとはいえ、そんな高価な薬草を道路上でそれも警察署の前で売買をしているなんて、何とも意外な感じだった。今思えば、私も機転をきかせて売買に加わって少しは買ってくれればよかったと悔やまれるが、その時はただびっくりして写真におさめるのがやっとだった。

「ボン教のお寺も建てられました」とチャムが言った。

「それもラサにあるの？」

「いえ、それはガンデン・ゴンパへ行く途中にあります。今のところはそれ一つしかありませんけど、外国人もそこで修行しているそうですよ。私はまだ案内したことはありませんけどね」

チャムは少々中央政府の宗教緩和政策を喜んでいるようだった。しかしそれは八十年代で、それからまた厳しくなったという事実は知っているのだろうか。

ガンデン・ゴンパは、元々は、チベット仏教の根拠地のようなゴンパであったから、チベットにとっては一番大切な寺院であった。というのは、今のチベット仏教をチベット仏教としたのは、ツォンカバという人で、一四〇九年に当時チベット全域の覇権をにぎっていたパクモド政権の支持を得て、ガンデン・ゴンパを建てて、仏教、特にゲルク派の布教に努めていたので、チベット仏教にとっては一番大切なゴンパになったのだ。従って最盛期にはここで勉強をしている僧侶の数は七千人もいたという。

一九五〇年に中華人民共和国が出来た時に壊され、それから十年後の文化大革命の時にはダイナマイトで徹底的に壊され、跡形もなくなってしまったほどだったそうである。チャムは、「中国政府は反省して」という言葉を使うが、一九九〇年頃から土台からの再建が始まり、今でも建築中で、元の通りになるのはまだまだ先のことだという。今の僧侶の数は最高四百人ぐらいだが、寺院の主な建物の再建が終了したので、観光客を呼ぶようになったという。

ところが一九九六年、中国政府がダライ・ラマの写真を掲げるのを禁止して以来、暴動はここから起こった。それ以後、寺院の入り口の近くに兵士が永久的に滞在出来るような兵舎を建てた。

ガンデン・ゴンパはラサからたった五十キロの丘の上にあるので、そんなに遠くない。しかし、チャムはそれまで以上に、「政治的な質問は駄目ね。他のことなら何でもいいんですけど」と何度も繰り返していた。しかし、政治的な説明なしに、ガンデン・ゴンパを伝えるのは難しいだろう。

ガンデン・ゴンパは丘の上にあるので、その回りをとりかこむトレッキングルートがあるのだという。つまりコルラのルートだ。八時間ぐらいかかるという。外国人らしい十五、六人のグループが丘の上に向かって歩いて行くのが見えた。

その丘の上からの景色がすばらしい。まだ再建されていない壊された建物の跡を丘の上から見下ろすことも出来るのだと言う。けれど、私達はそちらの方には行かなかった。

「行きたくないでしょう。上り道は大変だから。それより、このゴンパで重要な建物は全部再建されたので、それを見に行きましょう」

チャムが勧めるので、私達はそれに従うことにした。しかし、建物見学といっても、どこへ行くにも石畳だし、平らな所は部屋の中だけで、一つの建物から次の建物へ行くのは全部登り道なのだ。それだけでも私達にとっては大変だった。

石の階段もたくさんあったが、階段を登りつめたところに、ロバが二、三頭放し飼いされていた。多分僧侶達も、荷物を持ってこの石段を登り降りするのは大変なので、時にはロバを使うのであろう。

チャムは途中でガイドの仲間に会い、私達には自由時間をくれた。マイケルと私はロバと遊んだ。それほど近くロバに寄ったのは初めてなので、最初は少し恐かったが、ロバはお腹がすいているのか、私のバッグの中に顔を突っ込んで何かをさがしている。何か上げたかったが残念ながら、バッグの中には食べるものは何もなかったので、ロバはそのうち私から去っていったが、マイケルはそんな様子を写真に取ったり笑いこけたりで、しばらく本当に楽しく遊ばせてもらった。実のところガンデン・ゴンバの話は聞くことすべて暗かったので、ロバとの遊び

ガンデン・ゴンパ

お祈りを終えた僧侶

荷物を運んでくれるロバと戯れる

時間は清水を飲んだようであった。

　このガンデン・ゴンパには、巡礼者やトレッカー達が泊れるような簡単な宿泊所なども建てたらしい。なるべく元のようなゴンパにしようと努力しているのだとチャムは説明する。小さいながら、店もあるし、レストランもある。店をのぞいたら、棚にあるほとんどの物が、インスタントラーメンや、コカコーラなどの飲みものだった。

　このゴンパを去る前にトイレをさがした。すぐ店の側にあったが、それはわざわざ観光客のために建てたことが一目でわかるような建物だった。だが汚い、臭い。入らなければよかったと後悔した。このような公共のトイレには絶対に入らなかったリサのことが思い出された。それよりは、自然がいいと言って、必要な時にはわざわざ車を止めさせて自然の中で用をたしていた。

「モンゴルではそうだったから、なれてしまったのよ」とリサは言っていたが、公共トイレの汚さ云々について口出ししたくなかったからなのだろう。

　帰りの車の中では、政治的な質問は出来なかったから、トイレについてチャムに聞いた。

「あのトイレ、掃除するのはこのガンデンのお坊さん？」

「いえ、いえ、他所《よそ》から連れて来るんですよ」

「他所って？」

「さあ、わからないけど、多分刑務所からとか」

「じゃ、罰の一つがトイレの掃除？」

「まあね」

「どのくらい頻繁に掃除するの？」

「多分一年に二度？」

「それだけ？」

どうりで紙が器一杯になり、溢れ出て、あちこちに吹き飛ばされていると思った。

「そう、誰も掃除するのをいやがってますからね」

マイケルは黙っている。マイケルも男の方のトイレを使ったはずなのに、だまっているのは、女の方とは違うのか。ともかく女性用に限っていえば、すごいのだ。何がすごいかといえば、まず使用済みの紙が方々にちらばっている。またぐだけのトイレだが、紙を中に捨てないかわりに籠が置いてあるが、その籠がもう一杯なのだ。紙は溢れてあちこちちらばり、それを後の客が踏みつける。とても目が当てられるような状態ではない。

「男子の方のトイレはきれいなんですか？」

だまりこくっているマイケルに聞いた。

「いや、この次来る時にはガスマスクを持ってくるよ」

思い切り笑いたかったが、チベットの人達に対して失礼になるかと思い、じっとこらえた。

チャムは聞こえたのか聞こえなかったのかただだまっている。

トイレで紙を使うというのは観光客に違いない。

「チベット人は紙を使わないでどうしているんですか？」

どうしていいかわからないでいるチャムに聞いた。こんな質問ならしてもいい。

「そのままです。自然に渇いてしまいます」

「でも下の方はどうします？」

「犬が皆食べてしまいますから、何も残りません」

「でも……、下痢をした時とか、赤ちゃんとか、どうします？」

「そういう時には布で拭きます。そしてその布を洗います」

ああ、やれやれ……。なるほど。日本でもそういう時代があったのだろうか。百年も前にチベットを訪れた河口慧海はこのように書いている。


「……町の真中に深い溝が掘ってある。その溝にはラサ婦人のすべてと旅行人のすべてが大小便を垂れ流すという始末で、その縁には人糞が行列をして居る。その臭い事といったら堪らんです。まあ冬は臭いもそんなに酷くはございませんけれども、夏になると実にその臭いが酷い。それで雨でも降ると道のどろどろの上へ人糞が融けて流れるという始末ですから、その臭さ加減とその泥の汚い事は見るから嘔吐を催すような有様」


鳥葬に参加した時のこと、こんな風に書いている。

「……チベット人は茶を飲みづめに飲んで居る種族ですからお茶を沢山持って行くです。

ところが先生らの手には死骸の肉や骨砕や脳味噌などが沢山ついて居るけれども、一向平気なもので『さあお茶を喫れ』という時分には、その御坊なり手伝いたる僧侶なりが手を洗いもせず、ただパチパチと手を拍って払ったきりで茶を喫むです。その脳味噌や肉の端切のついて居る汚い手でじきに麦焦しの粉を引っ掴んで、自分の椀の中にいれてその手で捏ねるです。だから自分の手について居る死骸の肉や脳味噌が麦焦しの粉と一緒になってしまうけれども平気で食って居る。どうも驚かざるを得ないです。あまり遣り方が残酷であり不潔ですから『そんな不潔な事をせずに手を一度洗ったらどうか』と私がいいましたら『そんな気の弱いことで坊主の役目が勤まるものか』とこういう挨拶。で『じつはこれがうまいのだ。汚いなんて嫌わずにこうして食って遣れば仏も大いに悦ぶのだ』といってちっとも意に介しない。、、」

チベット人は私達とは公衆衛生などに対する感覚がちょっと違うのかもしれない。それとも中国人の影響か。気候が寒いとか、水が豊富でないとかいう自然環境がそのような習慣をはぐくませてきたのだろうか。

▽巡礼の群れ足早に夕立風

▽祖国よりいづこに逃げる流れ星

ショトン（雪頓）祭り――ヨーグルトを飲む祝日

とうとう最後の日になってしまった。

出発の前日、ショトン祭りを見学したいというのが私の希望だったので、リサよりは二日延長になったわけだ。

トニーから渡された最初の予定では、最後の日は、午前中にショトン祭りを見て、午後はノルブリンカでチベットオペラを見るということだった。そのどちらも私は見逃したくなかったので、無理矢理滞在を延ばしたのだった。

チャムは、「ショトン祭りなんて外国人にとってはなにも面白くない」とか「長時間歩かなければならないので疲れる」とか「トイレの設備もないのよ」とか、あれやこれや理由をつけて、行くのをあきらめさせようとしているような印象を受けたが、私は、「雰囲気を味わうだけでもいいの」と主張した。それに私はその日のためにと前日チベットの民族衣装まで買いそろえていたのだ。

マイケルは、チャムがあまり行かせたがらないので行かない方がいいのではと感じているようだったが、いつものように黙って成り行きにまかせていた。

前日から、チャムは、祭りの日は絶対に政治に関する質問も、話も遠慮してもらいたい。ホテル内でも気を付けて、と言い、はてはマイケルに、私がホテル内で話をしかけたら止めてもらいたいと頼む始末。チャムは、ショトン祭りなんて見る価値もないから、早く行って、早く帰ってきてその足で北京に発ったらとか……。どうも様子がおかしい。しかし、今さらどうこうごねるのも無粋になるので、静観することにした。

私はこのヤクホテルに着いてから気になっていた受付の近くの「盲人によるマッサージ」という宣伝についてもう少し知りたいと思った。

チベットの山々には様々な薬草が豊富にあり、従って代替医学の分野ではチベット医学は注目されている。それにチベット体操というのもあり、アメリカや日本のある人達は、チベット体操が大変健康のためになるといって実践している人達が多くいる。

今回の旅行では一度もチベット医学のことについてふれる機会がなかった。「チベットマッサージ」という特別な分野は聞いたことがなかったが、これもチベット医学の一分野かもしれないと思い、受付の人に聞いてみた。

「マッサージですか？　このホテル内でやってますよ。あそこに事務所があります」と言って、受付の人がホテルの裏庭の方を指差した。さっそくそちらに行きかけると、「ちょっと待って……」と言って一人の若い女性が誰かを呼びにいった。

背の高い盲目の男性が手を引かれて現れた。

「あ、こんにちは。いらっしゃい。マッサージに興味がある？　ここでのサービスは三種類ございます。チベット・マッサージ、中国のマッサージ、それとリフレクソロジーがあります。どれになさいますか？　ここで働く人達は皆盲人です」

私はチベットマッサージはまだ経験したことがなかったので、それを予約した。驚いたのはその男性の英語の流暢なこと。ガイドの次に上手だった。発音もきれいだし、私の英語もよくわかる。そんなきれいな英語をどこでならったのか、学校はどこにあるのか、誰が教えているのか、等々矢継ぎ早に質問したのだが、きっちりとどの質問にも非常に理路整然と明快に答えるので、すっかり感心してしまった。

彼の説明によると、彼自身マッサージ師で、ラサに学校があり、四年間みっちり勉強し、最後の一年は北京の学校で学んだという。その学校は盲目のドイツ人によって設立され、そこに入る資格はチベット人の盲人であることだという。そこではマッサージの勉強ばかりでなく、まず最初にやるのは英語の勉強で、マッサージ資格者は皆英語が堪能だという。

後で調べたところ、盲人のドイツ人というのは、サブリエ・テンベーケンという女性で、どうにかしてチベットに住む目の不自由な人達の教育に携わろうと、自らチベット語の点字を考案し、それを元にして一九九八年にラサに「国境のない点字学校」を開いた。彼女のアイデアに賛同したオランダ人の技師、ポール・クローネンバーグという人も参加した。その頃は、中国側が、ダライラマ十四世の独立運動を扇動しているとして、外国人に対して厳しい政策をとっていたはずで、容易なことではなかったろう。

学校の目的は、まず目が不自由なために普通の学校に行けない子供達に一般教育をほどこすことで、彼女の考案した点字を使ってさまざまな職業訓練も受けられる。マッサージ、料理、音楽等、何でも子供達が身につけたいという技能を身につけさせることが目的で、今は、そこで教えたいという専門家のボランティアも外国から訪れ始めているのだという。

この外国人のチベット入境が非常に困難な時、チベット人のように不運な運命にある民族のために、その中でも更にハンデイを持った盲目の人達に手を差し伸べる人達がいるなんて、全く感動した。それまで何となく暗いイメージを受けていたが、この自信に満ちたチベット人の若いマッサージ師に会い、明るい声を聞いて、祭りの前祝いのようで嬉しい気持になった。

それに反して、ラサの町全体はチャムと同じように何か緊張しているようだった。まず、祭りが続く一週間の間、ポタラ宮の回り、特に広場は立ち入り禁止になったという知らせが我々旅行者の耳にも入った。特に夜中は、車も人もあまりなく町全体が何となくひっそりしていて、祭りの前日とはとても信じられなかった。でも、真夜中に花火があがったではないか。ホテルの窓からは見えなかったが、確かにポタラ宮の広場から聞こえてくる。翌日チャムに聞いたら、ごく少数の関係者だけが招待されての花火大会がポタラ宮広場であったのだそうだ。一般の人達には立ち入り禁止中である。

当日の予定をチャムは何度も変えた。最初は朝五時に起きて、暗いうちに行くといったが、もう少し遅く六時半に変わり、そして最終的に八時半になった。それはすべて当日の交通の混み具合を考えてのこと、と言った。

八時半にホテルのロビーで会い、外に出た。チャムはそこでタクシーをひろうつもりらしい。その日はお祭りなので、にわかタクシーがたくさんあるからという。祭りの日にはピックアップトラックがタクシーに早変わりする。タクシー乗り場では私達の外に、十人ばかりのチベット人が乗り込んできた。皆同じ方向へ行くようだ。それぞれ少しのお金を出し合うように乗客の一人がまとめている。

あるところまで行くと、みんな車から降りなければならなかった。

「さあ、ここからは歩くんですよ。大丈夫ですか？」

その日にあるショトン祭りは、ラサの中心から八キロメートルのところにあるデプン・ゴンパで行われる。祭りは、デプン・ゴンパで保管している釈迦の絵のものすごく大きな布地（タンカー）を掲げる日なのである。祭りは一週間あるが、そのタンカーを民衆に見せるのは、祭りの第一日目の午前中だけなのだ。そのタンカーに描かれた釈迦に向かって祈るために人々は遠方から集まってくる。

デプン・ゴンパはゲルク派仏教の学問の中心地になった寺で、一四一六年にチベット仏教の元祖ツォンカパの弟子ジャム・ヤン・ジュチェによって建てられた。この寺の中には四つの学堂があって最盛期には一万人もの僧侶がこの寺に滞在し勉学に励んでいたという。ダライ・ラマ十四世もここで学んだことがある。また、仏教を学問として教えるばかりでなく、時にはラサの行政をまかされるほどに、僧長には強い権力が与えられていたという。けれどもそれは十四世が在位中のことで、現在この寺で学ぶ僧侶は五百人足らずである。このショトン祭りも一時は取り止めになっていたが、つい十年程前から復活されたとのことである。

ショトン祭りとは、もともとはヨーグルト祭りと言われていて、僧侶達の長期の修練が終わった時に村人達がこぞって、ご苦労様と言いながら、ヨーグルトを持ってきて僧侶達に捧げたのが始まりだそうである。それがだんだん大きな祭りになり、ゴンパには釈迦の絵の書かれたタンカーを飾る儀式が行われ、さらに僧侶達による踊りが奉納されるようになった。

文化大革命では、建物は他の寺々のように徹底的に壊されるということはなかったが、僧侶達がデモに参加したりしたために人数が相当に減り、今は五百人位しかいない。学堂での学習内容も中央政府が検閲するようになった。

タクシーを降りてから四キロくらい歩くのだが、チャムはどういう訳か心ここにあらず、である。行く人達はかなりの行列を作って歩いて行くが、また反対側を戻って来る人達もいるのだ。

「どうしてなんだろう。どうしてみんな戻ってくるのだろう」と何度も繰り返していた。

戻ってくる人達を見て、何か不穏さを感じたのだろうか。マイケルと私はただ黙って歩いた。他に外国人らしい人達、特に西洋人の姿は見えない。かなり歩いた所で突然立ち止まらなければならなかった。

「ここからは通行止めになってます」

チャムが言った。

「多分ここからは行ってはいけないということなんでしょう。でも、みんな立ち止まってます

続々と広場に集まる人々

遠方からも集まる

丘の中腹に掲げられた釈迦の絵を目指して人々は登る

どこまでも続く行列

丘を登る人もいれば、
遠くからお祈りする人も

から、きっとここからタンカーが見えるんだと思います。ちょっと待っててくださいね」

チャムはそう言うと、大勢の人達の中に分け入ったが、すぐに戻ってきて、「いらっしゃい、いらっしゃい」と、チャムは私達を群衆の中に引き入れ、「ほら、あそこを見てごらん」と指さした。

指をさされた方を見ると、遠くの、本当に遠くの山のいただきに岩に貼付けられたようなタンカーがぼんやり見える。気が付くと、回りの人達はそちらの方に顔を向けている。手を合わせて祈っている者もいる。

一生懸命目を大きく開けて見ても、かすかにしか見えない。運の悪いことに手前に丘があり、そこで何かが燃えている。そこからの煙で時々全容が煙で覆われ全然見えなくなる。これでは何を見に来たのか分らない。わかるのは、何かに引き寄せられ、その日一日つぶして、長距離を歩いて、タンカーを見、手を合わせて、お辞儀をしたり、念仏らしきものをもぐもぐと口の中でとなえている大勢の群衆が私の回りにいるということだけだ。

「これで雰囲気わかったでしょう?」

チャムが聞いた。だから、もう帰りましょう、と言っているようだった。私達は黙って、他の群衆達と一緒に立ったままでいた。そうすると、チャムは、「ちょっと待っててね」と言って私達の所を去っていった。

しばらくそこに立ったままでじっとチャムの帰りを待っていたが、なかなか帰って来ない。どこか腰掛ける所をさがしていたら、道路の端がちょっとコンクリートで高くなっているので、そこに腰掛けることにした。気が付くと、他のチベット人達もそうしている。私達はそこに腰掛けて、目の前を行ったり来たりしている群衆を眺めていた。そんな群衆の中から、チャムが息せき切って現れた。

「あのね、この先にね、兵士とポリスが見張っていて、群衆がロープの中に入らないようにしているんですよ。ほらあそこに兵隊とポリスのトラックがあるでしょう？　兵士とか、ポリスとかトラックに写真機を向けたら駄目ですよ。後から面倒なことになったら大変ですからね」

チャムが言った。

「こんな所にいても無駄でしょう？　どうせあのロープの中には入れないんだから」

私達にもう帰ってもらいたいと言っているようだった。私達は黙っていた。しばらくして、

「さっき友達に会ったの、ちょっと友達の所に行ってきますから、すぐ帰ってきますから、ここから動いたら駄目よ」

そう言って、また行ってしまった。

私はマイケルとじっと腰掛けていたが、この群衆の先でどんなことが起きているのか自分の目で見たかった。マイケルに「そこから動かないでじっとしていて」と言って、私もそこを離れた。その日はチベットの民族衣装を着ていたから、私が日本人だということは誰もわからなかっただろう。

私は群衆の先頭に来た。そこには確かにロープが張ってある。そのロープの先は広場になっていて、その広場に先に遠くから見えた丘があり、よく見ると、大勢の人達がその広場を通っ

て、その丘に登っているのだ。その丘の影の方向にデポン・ゴンパがあり、ある人達はその丘を越えて、さらにデポン・ゴンパまで歩いて行っているようなのだ。ロープが張ってあるところにポリスや兵士が十人ぐらいだろうか、ロープを持って立っている。

しばらく見ていると、ロープの一ヶ所を上げた。すると、群衆の何人かがそのロープをくぐってロープの向こう側の広場に走っていく。その人数を確かめるとすぐポリスはロープを下げてしまうので、それ以上は入れなくなってしまう。それを時々やるらしく、次のチャンスを狙う人達が列を作って待っている。その時中に入れた人達は、そのまま丘の方に歩いて行く人もいれば、広場の中で待っていたらしい家族や仲間や友達と合流する人達もいた。

ロープをくぐりそびれた人達の何人かはロープが下ろされた後も、家族が離れればなれになってしまったとか、何か理由をつけて中に入ろうとし、中には成功する人達もいる。兵士やポリスはそういう人達をつまみ出したり、叩いたりはしない。いかにものんびりとした光景である。ポリスや兵士は、広場に入る人数を制限しているだけなのだ。もし、この群衆が一斉に広場に入ったり、丘に登ったりしたら、大勢の怪我人が出るであろうことは想像がつく。

その広場の片隅には、ポリスのトラック三台、軍のトラック三台が駐車しており、その反対側には、食べ物や果物を売っている屋台が五、六台でていて、少しはお祭りらしい雰囲気はあった。

私はそれだけを見るとすぐにマイケルの所に戻り、自分の見てきたことをレポートした。マイケルはふん、ふんといいながら聞いているうちにチャムが戻って来た。

「ごめんね、友達が……」と説明しそうになったが、私はすぐにさえぎって、「いいのよ、いいのよ、あのね、あの人達の前で何がおきてるのか調べてきたの」と見て来た事を説明したら、「ローカルの人達にはそうかもしれないけど、観光客に対してはどうかしらね」といかにも気乗りしない様子。

「あの丘の方に行ってみましょうよ」

私が言った。それはチャムにとっては最も聞きたくない言葉だったに違いない。マイケルも道端で腰掛けているよりはその方がいいと思ったらしく、「やろうよ」と言った。そんな私の提案にチャムは驚いて、

「駄目、駄目。そんなことをしたら逮捕されるかもしれないわ」と言い、どうしても私達を止めようとする。

「逮捕なんて、理由なんて何もないでしょう？　一緒にお祭りを楽しみたいだけではないの？」

「それでもやっぱり……」とチャムは躊躇している。

「そう、じゃ、私たちだけであそこの丘まで行って、すぐ帰って来るから。貴女はここで友達と待っててちょうだい」と私が言ったら、しぶしぶ、

「じゃ、貴女達だけでロープをくぐってちょうだい。私はあっちの端から一人で後から行くから。もし運よくロープの中に入れたら、広場の真中あたりで私を待っててちょうだい」と言った。

私達は列に並んで、順番が廻ってきたら、他のチベット人達と一緒に、上げられたロープをくぐって、難なく広場に入ることが出来た。チャムは少し遅れて反対側のロープが上げられた時に入ってきて私達に追いついた。チャムは何かをいつも恐れているようなのだ。どうやら私達と一緒にいるところを見られたくないようだ。

「あの丘に登ってみましょうよ、ねえ、マイケル？」

マイケルにとっては単なる運動の一端だったのか、やる気まんまんだった。ところが、チャムは、

「あの丘？　とんでもない。危ない、危ない。見てごらん。登っている人達はみな元気な若い人達でしょう？　それにあの丘には道などないから、ただ岩に足場を見つけながら登っているので、とっても危いんです。すべって怪我をするかも知れません」

そう言って私達を止めようとする。そんなことを言っているうちに丘の麓まで歩いて来てしまった。確かに丘といっても岩の塊みたいで、道などもない。チベット人達はそんな岩の塊に一歩一歩足場を見つけては登って行くのだ。

「膝がちょっと痛いけど、このくらいは大丈夫」と言いながらマイケルは真っ先に登り始めた。

「ちょっと待って！　そこは道がないんだから危ないのよ。こっち、こっち。こっちの方がもっと平ですよ」とチャムの方がひやひやしている。チャムの細くて長い足ではもちろん私達よりはずんずん歩けるので、私達の先頭に立って歩く。私達が危険な方向に行ったり、彼女からのがれてデブン・ゴンパまで行ってしまわないように監視したいのだ。

岩山を登る

果物を売る人

麺が食べられる

薬草も売っている

チャムが先頭に立ちその後を私達が遅れないようにハーハー言いながら追いかけていく。他のチベット人達が曲がってさらに上の方に登って行くその曲り角で止まって、

「もうかなりあがってきたから、この辺まででいいでしょう?」とチャムが言った。もう降りていってもらいたいようだ。

「まだ登れるよ」

マイケルは自分に聞かれていると思ってハーハーしながら言った。

「ちょっとこの辺で休憩しましょう。疲れすぎないように」

チャムが腰掛けられそうな岩を見つけてマイケルに腰掛けるように言った。そして私にも腰掛けるように言う。

「ここで腰掛けちゃったら起きあがるのが大変だから、もう少しだから続けましょう」

チャムが腰掛けましょうと言った所は、人があまり来ないような所で、あまり混雑していない。しかし、そこからはお祭りの様子が何も見えないのだ。それもそのはず、それはゴンパが見える反対側にあるのだから。

「ここからは何も見えないでしょう。もっと向こうの方へ行かなきゃ駄目」

「そっちの方へ行くには足場が見付からないし、それに人が押したりするから、危ない」

「いいえ、チベット人は押しません。かえって私が登れなかったら手をかしてくれるでしょう。私は一人で大丈夫ですから、貴女はマイケルと一緒にここで待ってて下さい。すぐ帰ってきますから」

そう言って歩き出したら、チャムはあわてて、マイケルに「貴方はここにいてね。すぐ帰ってくるから」と言い含めて、私の前に立って登り始めた。そして難なくすぐに、反対側の人がたむろしているところに行き着いた。そこから、先に進む人達、丘の頂上に登る人達、下に降りる人達に別れるのだ。

そこに煙が立ち上っている。その煙の原因は、線香の原料の香木で、祈りを捧げる時に投げ入れている。誰かが香木を捧げ入れると煙はもうもうと立ち上り、辺り一面が煙とともに何とも言えない香が満ちる。そこからならばタンカーや、寺の建物がもっとよく見えるだろう、と期待して夢中になってそこまで登りつめたのだが、まだまだ遠いらしい。展望はあまり変らなかったので、残念だった。チャムはそこに座り込んで、黙っていた。私がもっと近くに行きたいと言わないようにと祈っているようだった。

気が付くと、マイケルが私達の後を追って登って来るではないか！　チャムはそれに気付くとすぐに、私に「降りましょう」と言って、ほとんど私を追い立てるように急いで下り始めた。私もチャムに続き、マイケルも無言で後に続き、あっという間に丘の麓についた。

丘の麓に着いても椅子があるわけではなし、誰かが捨てたプラスチックの袋を土の上に敷いて、そこに坐った。しばらく人が往来するのを見ていたが、その他に何もすることもないので、私はそこで売っているインスタント麺を食べてみたいと言うと、チャムは「駄目、駄目、お腹が痛くなるから」と私を止めた。チャムには私達外国人観光客には何も問題を起こしてもらいたくないのだろう。だから何か問題が起きそうなことはすべて、「駄目！」と言っているようだ。私などはチャムにとって一番面倒な客のようだ。私は大丈夫と言って、一つ買って食べてみた。たしかにおいしい。それはインスタントではなく、生麺で、麺の上に野菜と、チベット人が好むものを上にのせて、その上からスープをかけて売っているものだった。

麺はおいしかったがその後がいけなかった。食べた後のカップやはしを捨てるゴミ箱が用意されてない。食べ終わった人の中には、売った人に渡す人もいるが、大抵はそのまま地面に捨てていくので、その辺は目が当てられないぐらいにちらかっている。これも公衆衛生の課題である。


私が麺を食べ終わると、午後の予定である、ノルブリンカで行われているチベットオペラを見に行くことになった。

しばらく歩いて車が通っている大通りに着いた。そこでタクシーをつかまえることができたので、ノルブリンカにはタクシーで行った。大変な人出だった。野外で行われるオペラはもうすでに始まっていて、音楽がその公園に響きわたり、見物人は立ったままで何重にも重なって見ている。後から着いた私達には何も見えなかった。けれどもそのオペラはブータンで見たものと同じストーリーだとすぐにわかった。若い仲の良い高貴の夫婦の物語である。

ある時、夫が仕事で家を留守にしなければならないことがあった。その間に、若い妻の身にいろいろなことが起きる。夫のいない間に何とかして浮気をさせようと、悪魔や、占い師やら、村の悪者やらが企むのである。そして、夫が帰ってきた時、妻が浮気をしたとある悪者が告げ

ノルブリンカの入口

チベットオペラの公演

何ともミスマッチなバドワイザーの売店

口をする。夫はその言葉を信じて、妻を罰するのであるが、次第にそれは悪者達の、二人をおとしめるための企みであるということがわかってくる。今度は夫が悪者達をこらしめる番である。オペラの定番は、誰がどんな風に妻を誘惑し、その後、家の主人が悪者達をどう懲らしめたかを踊りと歌で観客に見せるのであるが、それは延々と続く。

話の内容は少しも変わらず、何百年も同じことを繰り返しているのであるから、観客は話の展開をもうすでに見ないうちから知っている。それでもやっぱり、毎年そのオペラを見たいという観客の数は減らない。

「それを誰がやるかなんですよ、大切なのは。今日の人達はあまり上手じゃない。祭りの間中毎日違うグループがやるんです。多分明日やる人達はもっと上手でしょう」

チャムは言った。チャムはオペラには見向きもしない。

広い敷地は、遅く来たためにオペラが見られないか、あるいは見たくない民衆が家族でピクニックを楽しんでいる。公園の隅にはビール会社バドワイザーの真っ赤なパラソルが人々に日陰とテーブルと椅子と飲み物を提供している。そこで働く若い女の子のファッションの何と場違いなこと！　身体にぴったりの白いスーツに超ショートスカート。そしてハイヒールの白いブーツ。中国人なのだろうか。チベット人なのか。ビール、その他の飲み物を注文する人達はほとんどはチベット人なのだが……。

私達もバドワイザーの傘の下で働くモダンな衣装のウェイトレスにコーラを注文して、疲れた身体を休めた。チャムは私達が椅子に座るとすぐ、親戚の人がきているかどうかさがしに出かけた。親戚の人というのは、両親と、叔父、叔母で、シガツェからわざわざ来ているそうだ。チャムには一歳にならない子供がいて、ガイドの仕事が入るとシガツェに住む両親にあずけて仕事をする。その日はガイドとしての最後の日であり、一週間続くお祭りの最初の日であるので、ノルブリンカでピクニックをしようと約束してあるのだそうである。何度も友達に話があると中座したのは家族のことが心配だったのだ。私達の二日延長滞在は彼女のスケジュールに入っていなかったものとみえる。

私達も疲れていたし、翌日の出発の準備はあるし、見えないオペラの音楽を聞きながら、コカコーラを飲むのもあまり面白くないので、早めにホテルに帰ることにした。

「大丈夫です。私達だけでタクシーに乗ってホテルに帰れるわ」

チャムにそう言って、ノルブリンカの門の外でタクシーをひろい、私達だけでホテルに帰って来た。そして、心底ホッとした。チャムもやっとガイドとしての任務から解かれて嬉しかっただろう。もう少し早く事情を話してくれればよかったのにと後悔した。

翌朝早く、私達はラサの飛行場に行った。チャムは、私達が税関を通過するまで責任があると言って、飛行場までついてきてくれた。飛行場へ行くまでの車の中で、チャムは、ガイドの仕事を辞めたいと深刻な顔で言い出した。理由は全然お金にならないからと言った。ガイドの仕事は客のチップの額が大いに影響するのであるが、自分が大学を出たばかりの一九八〇年代は観光客も多く、収入もまあまあだった。でも、それから観光客の数は減る一方で収入も減るばかり。子供もできて、これからの子供の養育費、教育費はとても馬鹿にならないので、ガイド以外の仕事を見つけなければならない。運よくご主人は政府関係の仕事をしているから、収入は安定しているけれど、一人の収入で子供の教育は充分に出来ないという。かといって、どんな仕事に付いたら良いかわからないし……と深刻な様子だった。私達と一緒にいるのを誰にも悟られないように気を付けていた様子、そして私達に事故を起こしてもらいたくない様子等々、何となく納得出来るような気がしてきた。次の仕事を見つける場合、外国人と接していたと知られると、雇う方もちょっと躊躇するのだろうか。

マイケルは出来る限りのチップで彼女を元気付けようとしていた。荷造りをしている時から、チップのことが気がかりで仕方がないようだった。それに、五人で始まったグループが、最後は二人だけになってしまい、自分が全責任をおわなければならないような気持になっていたのかもしれない。私にもそれとなく出来る限りはずむようにほのめかしていた。一回ぐらいチップをはずんでも収入問題の解決にはならないということはわかっているが、私達外国人にできることはそれぐらいしかないのである。

最後の「さよなら」を言った後、何とも言えない複雑な気持になった。そのままあのラサの町へ返すのが可哀想な気もしたが、どうすることもできなかった。

▽ラサの町人知らせぬ花火あり
▽故郷の味を食いける西瓜かな
▽巡礼者日影求めて一列に

あとがき

出かける前は困難なことが重なったけれど、旅が終わればやっとなしとげたという達成感があった。

チベット国内ではあまり自由に行動は出来なかったが、それでも十日間、目をしっかり開けて、見られるものは全部見てきたつもりである。けれども何かわからないが、広大な視野をさえぎるものが立ちふさがっているような感じで、その点については不満足感が残る。

日本の土を再び踏んでホットした。と同時に、何と私は幸運な世界に生まれ、育ち、住んでいるのだろうと誰にでもなく感謝の気持で涙が出そうになった。そして、私に与えられているすべてのものが何となく贅沢すぎるのではないかと、罪悪感にも襲われ、非常に複雑な気持になった。

私達が属する世界では、ごく普通のことでも、別の世界に行けばとてつもなく贅沢なことになる。というのは、今回ばかりでなく、旅行をする度に感じることであるが、私達日本人は他の国に比べてちょっと行き過ぎではないかと思われる。もう少し便利にと努力模索しているうちに、知らぬうちに世界で類のないほどの贅沢好みになってしまっていないだろうか。なるべく子供が楽するようにという思いが過ぎて、苦労を知らない子供を育ててしまっていないだろうか。私自身も雑用嫌いになっていないだろうか。そして何事も最高のものを望むことで、これからと頑張っている世界中の人達、子供達を見下していないだろうか……。いろいろと反省させられた。

私達がチベット旅行をしている間にも焼身自殺が二件あったと聞く。それはチベットを出てから入ったニュースであって、チベットにいた時には、全然知ることができないことだった。この旅行記を描いている最中にも何人もの僧や一般人の焼身自殺者があいつぎ、それもその数が増えている傾向にあるというような不穏なニュースを聞く。

中国がチベットに侵入する前にチベット政府とかわした十七ヶ条契約をせめて守ってその通りにしてくれていたら、今のように大勢の焼身自殺者は出なかったのではないかと悔やまれてならない。

焼身自殺をしなければならないような世界圏にいる人達には本当に気の毒に感じる。何かどうしようもない問題に苛《さいな》まされて、そのような行動に走るのであろうが、何とかしてあげたいと思う。しかし同時に人間をそのように感じさせる、ものすごく馬鹿でかい怪物に対して、どうしようもない無力さを感じるのも事実である。

中国がチベット人を解放しようとチベットに侵出して、まず行ったのは、チベット人に、いかに帝国主義者からのがれて、自分達の力で自分達の国を守るかの教育だったそうである。その時に使われた資料、教材は、中国国民党と、日本軍の満州国での暴虐振りを描いた映画であったという。こうして過去の出来事は亡霊のように繰り返され、利用され、侮られるものなのだと知った。過去はいつまでも多くの人達にこのように影響を与え続けるのかと知らず知らずのうちに下を向き、誰かに謝り許しを請いたい気持を押えることができなかった。

私がチベットからワシントンの自分の家に帰ってきてまもなく、アメリカの伝統を守り、かつ次の世代にゆずり渡していくことに貢献している人達を表彰し、その披露講演会に参加する機会を得た。そこで、自分達が誇りに思っていることを、ずっと一生を通じて守り続けている人達を見ているうちに、このようなことは今のチベットでありうるかと考えた。

アメリカは建国してから三百三十六年しかたっていない。伝統や先祖から譲り受けた遺産とは、アメリカを形成している人達がそれぞれ自分の国からかけがえのないものとして持ってきたものである。それほどに貴重なものであったのに、お互いを受け入れず、自分の文化、芸術だけを認め、他を否定する時代がこのアメリカ国内でも長く続いていた。お互いの異なった習慣や伝統を受け入れることを学び、アメリカ国家としてそれらを芸術として賞賛、奨励するようになったのは、たった三十年前からなのだ。

個人の力はいかにも小さく、弱く、チベットの問題を解決するなどということはとても不可能であるが、いつの日か自分達の伝統を誇りに思い、何の恐れもなくどうどうと生きていけるようなチベットになることを祈りたい。

私個人が無力なばかりでなく、どの団体も、どの国も、最後の頼りの国連までもが、大きな怪物の前では無力だと感じているようだ。

第二次世界大戦後のチベットのもがき、戦い、特に武器なくしての戦いを追ってみると、まるで悪夢のようである。人間としての道徳を持って生きる世界では起きてはならないことだと思う。しかし今は誰も手を出せないし、何もできない状態だ。

私達は、今の実情を、間違いなく今生きているチベット内外の人達に伝えるだけではなく、後世にも伝える義務があると思う。同時に今の圧政に苦しむチベットの人達にも、自己を見失わず、自分の受け継いだ伝統文化を忘れず、しっかりこの世を生きて、次の世代の橋渡しをして欲しい。そして私個人は、それが成就するように精一杯祈るしかない。

私達の旅行はたった十日間だけだったが、随分多くのことを学んだような気がする。なるべく多くの人達に短期間でもいいから行ってチベットを経験してもらいたいと思う。そして共にチベットの、中国の、日本の、世界の将来を考えようではありませんか。

▽夜のはても照らしてほしや今日の月
▽終戦の日の傷いまだ消えやらず

【参考文献】

Tsering Shakya, *The Dragon in the land of snows*, 1999.

Michael Buckley, *Tibet*, Bradt Travel Guides Ltd, 2012.

Tibet, lonely planet, 2011.

『地球の歩き方チベット』ダイヤモンド社、二〇一一年。

河口慧海『チベット旅行記』一～五、講談社学術文庫、一九七八年。

高本康子『チベット学問僧として生きた日本人』芙蓉書房出版、二〇一二年。

青木文教『秘密国チベット』芙蓉書房出版、一九九五年。

著　者
ウイリアムス春美《はるみ》

1939年(昭和14年)福島県生まれ。青山学院大学卒業後、中学校の英語の教師になる。1968年(昭和43年)にイギリス人と結婚。結婚後アメリカ、インドネシア、マレーシア、イギリスに住み、1976年からアメリカのワシントンD.C.に定住。1982年(昭和57年)にジョージタウン大学大学院を卒業し、その後ジョージタウン、アメリカン、ハワード大学で日本語を教える。1997〜1998年(平成9〜10年)、イギリスにて代替医療について学び、以後アメリカにて代替医療に携わり、太極拳をシニアセンターやスポーツセンターなどで教える。
著書に、『ぶらりあるき幸福のブータン』(芙蓉書房出版、2011年)、『ぶらりあるき天空のネパール』(芙蓉書房出版、2012年)、『母なるインド』(芙蓉書房、1970年) がある。また、上毛新聞に「アメリカ向こう三軒両隣」を9回連載 (1982年)、ワシントンコミュニティーニュースレター「さくら通信」に戦争体験者へのインタビュー「あの頃」を7回連載 (2005年)。

ぶらりあるき　チベット紀行

2013年 10月25日　第1刷発行

著　者
ウイリアムス春美《はるみ》

発行所
㈱芙蓉書房出版
(代表　平澤公裕)
〒113-0033東京都文京区本郷3-3-13
TEL 03-3813-4466　FAX 03-3813-4615
http://www.fuyoshobo.co.jp

印刷・製本／モリモト印刷

ISBN978-4-8295-0599-1